Helmut Schröer

Trierer Geschichten

Band 3

Bibliografische Information der Deutschen Nationalbibliothek
Die Deutsche Nationalbibliothek verzeichnet diese Publikation in der Deutschen Nationalbibliografie; detaillierte bibliografische Daten sind im Internet unter http://dnb.d-nb.de abrufbar.

1. Auflage 2020

Printed in Germany.
Gesamtherstellung: Paulinus Verlag, Trier
ISBN 978-3-7902-1745-2
www.paulinus-verlag.de

Helmut Schröer

Trierer Geschichten

Band 3

paulinus

Inhaltsverzeichnis

Vorwort

Die bisherige Resonanz auf die „Trierer Geschichten" belegt ein großes Interesse. Es gibt für die Menschen offensichtlich wichtige Gründe, nicht nur vorauszuschauen, sondern auch den Blick in die Vergangenheit zu richten. Eine Stadt hat ihre Geschichte, ist gewachsen; das Ergebnis von Entwicklungen. Ohne einen Blick zurück fehlt die Basis.

„Trierer Geschichten" gibt es viele. Sie noch einmal aufzuschreiben, sie festzuhalten – dafür gibt es weitere Gründe:

- Es besteht die Gefahr des Vergessens. Das gilt für Sachverhalte und für Personen.
- Zeitzeugen, die berichten könnten, werden rarer.
- Die Erinnerung „verformt" sehr oft das tatsächliche Geschehen.

Sehr oft wurde auch in der Vorbereitung dieses Buches wieder die Frage gestellt „Wie war das?" Zahlreiche Hinweise waren eine wichtige Bestätigung für dieses Buch. Dafür danke ich sehr. Der Weg zu diesem Buch war nicht beschwerlich. Danken möchte ich wieder einmal dem Stadtarchiv für die große Hilfe. Ein Archiv dient auch als Fundament der Gegenwart. Wenn über das Archiv der Stadt Trier gesprochen wird, heißt es oft, die „arme Stadt Trier" könne sich eine solche Einrichtung nicht leisten. Ein Stadtarchiv ist aber das Gedächtnis einer Stadt. Kann ohne Gedächtnis Politik gestaltet werden?

Ich danke vielen für Hilfen, Hinweise und die kritische Begleitung. Mein Dank gilt den Fotografen, die mit ihren aktuellen Bildern das geschriebene Wort wirkungsvoll unterstützten.

Hoffentlich ist der dritte Band der „Trierer Geschichten" eine kleine Entschädigung.

Konrad Adenauer im Domkreuzgang

01 // Der schönste Ort in Trier: *Der „Adenauer-Blick"?*

Was ist der schönste Ort in Trier? Die Frage wird in Trier immer wieder gestellt. Als Oberbürgermeister sollte man sich die Antwort genau überlegen. Natürlich liegt es nahe, in einem Ranking der stadttrierischen Orte und Plätze den Hauptmarkt zu favorisieren. Obwohl die Auswahl in der Stadt Trier seit den 90er Jahren deutlich größer geworden ist. Neben der Konversion, der Umwandlung der bis dahin militärisch genutzten Flächen in der Stadt Trier, war die Gestaltung, die Revitalisierung der Plätze in der Innenstadt das beherrschende Thema. „Eine plötzliche Lust zur Platzgestaltung" war auch in Trier ein wichtiges kommunalpolitisches Thema.[1] Die Plätze in Trier hatten sich bis weit in die 80er Jahre hinein zu Verkehrs- und Abstellräumen für Kraftfahrzeuge entwickelt. Das Ziel war klar und wurde so auch parteiübergreifend im Stadtrat beschlossen: „Die Innenstadt musste entlastet, die Übermacht des ständig zunehmenden Kraftfahrzeugverkehrs zurückgedrängt werden. Dabei sollten möglichst radikale Lösungen und Einseitigkeiten vermieden werden. Die autofreie Innenstadt konnte also ebenso nicht das Ziel sein wie eine autogerechte City. Eine Innenstadt lebt auch von konkurrierenden Nutzungen. Sie ist das Zentrum einer sich entwickelnden Gesamtstadt. Dazu gehört auch der Verkehr, auch der Individualverkehr. Aber er musste neu geordnet werden."[2]

Im Oktober 1992 wurden in einem „Bericht über den Stand der Platzgestaltungen" erste Verbesserungen in der Innenstadt dargestellt. Am 30. April 1992 wurde der Stockplatz offiziell übergeben. Bereits im Jubiläumsjahr 1984 wurde die Umgestaltung des Platzes an der Basilika fertig. Der international bekannte Architekt Oswald Mathias Ungers hatte den Gestaltungsauftrag erhalten, und er präsentierte einen „Vorplatz" zur Basilika. Die Aufgabe dieses Platzes war nach Auffassung des Architekten, die Einzigartigkeit der Basilika zu zeigen, Wirkung zu erzielen. Bundeskanzler Helmut Kohl übergab diesen neugestalteten Basilika-Vorplatz am 1. Juni 1984 der Öffentlichkeit.

In dem „Bericht über den Stand der Platzgestaltungen" im Oktober 1992 war auch der Viehmarkt erwähnt. Bereits 1979/1980 gab es erste Gespräche und

[1] *Schröer, Helmut: „Trierer Weichenstellungen" Band 2, Trier 2011, S. 15 ff.*
[2] *Ebd., S. 17.*

eine Bürgerversammlung. Ziel war es, die desolate Situation dieses Platzes zu beseitigen und die Neugestaltung anzugehen. Der „neue" Viehmarkt konnte allerdings erst 1996 (!) übergeben werden. Am 21. Juni 1996 war die Peter-und-Paul-Messe auf den Viehmarkt zurückgekehrt, und ab 5. Juli 1996 war der Platz auch wieder Standort des Trierer Wochenmarktes.

Im Jahre 1989 war mit den Vorbereitungen zur Neugestaltung des Domfreihofes begonnen worden. Es dauerte aber bis zum 29. März 1996. An diesem Tag war die offizielle Einweihung und Übergabe des Platzes an die Bevölkerung. Eine Bürgerinitiative, intensive Diskussionen und harte Auseinandersetzungen bestimmten den Verlauf der Planung und der Baumaßnahme. Über einen langen Zeitraum war aus der Diskussion um den Platz eine Platanendiskussion geworden. Der Domfreihof als „Architekturplatz" geriet zur Nebensache. Inzwischen aber wird der neu gestaltete Domfreihof von den Trierern und den Gästen der Stadt mit Zustimmung angenommen.

Der neu gestaltete Kornmarkt wurde am 26. März 2004 an die Trierer zurückgegeben. Auch in diesem Fall gab es eine lange, intensive Diskussion. Im Gesamtkonzept der Plätze in der Innenstadt sollte der Kornmarkt ein „Platz der Begegnung" werden. Eine grundsätzliche Änderung, denn auch der Kornmarkt war in der Vergangenheit zum Parkplatz „verkommen". 1958 hatte es sogar einen Stadtratsbeschluss gegeben, auf dem Platz zusätzliche Parkplätze zu schaffen. Nach der Fertigstellung im Jahre 2004 wurde der neue Kornmarkt von Anfang an begeistert angenommen. Er war tatsächlich zu einem Platz der Begegnung geworden.

Die neu gestalteten Plätze in der Trierer Innenstadt hatten zu einer beachtlichen Urbanität, zu einer großen Attraktivitätssteigerung der Trierer City geführt. Aber dennoch gab es bei der Frage, welcher Ort der schönste in Trier ist, auch nach der Neugestaltung der Trierer Plätze kaum eine Veränderung der schon lange bestehenden Meinung: Der schönste Ort in Trier konnte nur der Hauptmarkt sein.

Der Hauptmarkt ist der Schauplatz ältester Trierer Stadtgeschichte. Dies ist ablesbar an der Platzstruktur, aber auch an der ihn umgebenden architektonischen Einmaligkeit. Im Jahre 958 errichtete Erzbischof Heinrich I. das Marktkreuz, und auch der 1595 errichtete Petrusbrunnen, ein wichtiges Werk der Renaissance in Trier, weist den Hauptmarkt als einen Ort des städtischen Lebens aus. Der Stadtpatron Petrus krönt den Brunnen. Hier fühlen sich die Bewohner Triers zutiefst als Trierer Bürger.

Eine Spitzenposition hat bei der Frage nach dem schönsten Ort in Trier bei vielen Trierern aber auch der Domkreuzgang, und hier der Kreuzhof; besonders der Bereich von dem Standort Südostseite des Kreuzganges. Von dort schaut

Der Trierer Hauptmarkt

man wie durch ein Fenster in die Vergangenheit; es ist ein Blick in Jahrhunderte europäischer Baukunst. Der Eindruck wird noch verstärkt, wenn man – möglicherweise bei einem Stadtrundgang – unweit von der Fußgängerzone und dem Lärm der Trierer Innenstadt den Kreuzgang und den Kreuzhof betritt. Man befindet sich dann in „einer Oase der Ruhe“.

Der Trierer Domkreuzgang wurde vermutlich zwischen 1245 und 1270 von französischen Steinmetzen im gotischen Stil errichtet. Allerdings sind noch deutliche Spuren des romanischen Vorgängerbaus zu sehen. Er bildet eine Verbindung zwischen der Liebfrauenkirche und dem Dom. „In seinem Dom und der danebenstehenden Liebfrauenkirche besitzt Trier eine einzig schöne Baugruppe, welche in dem Stadtbilde noch heute wie einst den krönenden Mittelpunkt bildet.“[3] Die unterschiedlichen Baustile prägen den Gesamteindruck. Dabei setzt sich allein der Dom auch aus Baustilen unterschiedlicher Jahrhunderte zusammen. Dies ist vom Kreuzhof aus gut sichtbar. Kirchliche Geschichte, aber auch Stadtgeschichte bündeln sich an dieser Stelle. „Dieses Ensemble symbolisiert das ununterbrochene Zeugnis von Christen seit dem 3. Jahrhundert bis auf uns Heutige.“[4] Der langjährige Diözesankonservator und Leiter der Kirchlichen Denkmalpflege in Trier,

[3] *Kentenich, Gottfried: „Aus Triers geschichtlicher Vergangenheit“. In: Deutschlands Städtebau. Trier, Berlin-Halensee 1925, S. 6.*

[4] *Rössel, Werner: Vorwort für den Bildband „Domkreuzgang und Doppelkirchenanlage in Trier“ von Erb, Alfons, Trier 2004, S. 5.*

Dr. Franz Ronig, zitiert in dem Bildband „Domkreuzgang und Doppelkirchenanlage in Trier" eine Aussage des früheren Direktors des Kölner Schnütgenmuseums, Hermann Schnitzler. Der „stand einmal in der Südostseite des Gevierts und sagte: ‚Es ist in der Tat der schönste Architekturblick von ganz Europa!'"[5]

Der „Adenauer-Blick"

Am 30. Juni 1966 wurde der erste Kanzler der Bundesrepublik Deutschland, Konrad Adenauer, in einer feierlichen Sitzung des Stadtrates zum Ehrenbürger der Stadt Trier ernannt. Es war ein großer Tag für die Stadt Trier. „Trier hatte gestern einen großen Tag. Unter ungewöhnlich starker Teilnahme der Bevölkerung wurde Dr. Konrad Adenauer zum Ehrenbürger der Stadt ernannt. Ihm zu Ehren war die Parade, die alljährlich zum Patronatsfest stattfinden soll, auf diesen Tag verlegt. Bei prächtigem Sonnenwetter marschierten die Kompanien französischer und deutscher Truppen an einer Ehrentribüne vorbei, auf der Dr. Adenauer mit dem Oberbürgermeister, hohen Offizieren beider Nationen, Parlamentariern und

[5] *Ronig, Franz: Nachwort für den Bildband „Domkreuzgang und Doppelkirchenanlage in Trier" von Erb, Alfons, Trier 2004, S. 51.*

Vertretern von Behörden stand. Höhepunkt im Programm des Tages war die festliche Stadtratssitzung, in der Oberbürgermeister Harnisch dem Gast die Ehrenurkunde mit der Verleihung der Ehrenbürgerrechte überreichte."[6]

Vorbeimarsch der Bundeswehr

Vor der feierlichen Stadtratssitzung hatte Dr. Konrad Adenauer den Trierer Bischof Dr. Matthias Wehr besucht. Nach der Besichtigung des Domes folgte ein Rundgang durch den Innenhof des Domkreuzganges. Welchen Eindruck diese Besichtigung bei ihm hinterlassen hatte, daran erinnerte der neue Ehrenbürger der Stadt Trier zu Beginn seiner Dankrede im Simeonstift: „Zwei Eindrücke dieses hohen Tages werden mir immer unvergesslich bleiben: Der eine Eindruck war der, als ich auf dem Friedhof des Domkapitels stand und dort die europäische Geschichte von fast zwei Jahrtausenden sah, römische Baudenkmale, frühchristliche und mittelalterliche Bauwerke. Das, meine sehr verehrten Damen und Herren, war ein so eindrucksvoller Anblick, wie ich ihn kaum jemals bekam. Der zweite

[6] *Trierischer Volksfreund vom 1. Juli 1966: „Ehrentag für Dr. Adenauer und die Stadt Trier".*

Vorbeimarsch der französischen Soldaten

große Eindruck war der Vorbeimarsch der französischen und deutschen Truppen. Er erinnerte mich an eine Parade französischer und deutscher Truppen auf dem Schlachtfeld von Mourmelon, wo General de Gaulle und ich den Vorbeimarsch auf einem Schlachtfeld abnahmen, das den Krieg von 1870/71 schon gesehen hat. Es waren dort Gräber von Soldaten, die 1870 gefallen waren."[7]

Auch beim Trierer Ehrenbürger Dr. Konrad Adenauer, dem ersten Kanzler der Bundesrepublik Deutschland, hatte der Blick auf Liebfrauen und den Dom von der Ostseite des Domkreuzganges aus nachhaltigen Eindruck hinterlassen. Natürlich ist dieser Ort bei Trierer Stadtführungen immer wieder ein besonderer Höhepunkt. Und selbstverständlich habe auch ich bei zahlreichen Führungen den Besuch dieses Ortes genutzt, um auf die große, mehr als zweitausendjährige Geschichte der Stadt hinzuweisen. Sie wird vom Domkreuzgang aus sichtbar. Es ist ein Blick voller Geschichte. Die offiziellen Erklärungen, meist unterstützt durch sehr fachkundige Gästeführerinnen oder Gästeführer, habe ich dann durch einen – zugegeben von mir erfundenen – Hinweis ergänzt. Konrad Adenauer soll im Dom-

[7] *Ebd., „Dank Adenauers an die Stadt Trier".*

Bundeskanzler Adenauer im Domkreuzgang

kreuzgang zu Oberbürgermeister Josef Harnisch gesagt haben: „Sagen Sie mal Herr Oberbörjermeister, wenn isch en so einer schönen Stadt Oberbörjermeister wär, dann würd isch noch Jeld metbrenge!“ Ein solcher Hinweis fand oft Zustimmung. Zumindest aber hat er die Stadtführung aufgelockert. Es lag nahe, diesen Ort als „Adenauerblick“ zu kennzeichnen.

Anders waren häufige Hinweise, dass man durch einen solchen Ort, einen solchen Blick auf die große Geschichte der Stadt geerdet würde. Der „Adenauerblick“ bietet einen grandiosen Rückblick. Es wird deutlich, dass die aktuelle Situation der Stadt nur ein kleines Glied in einer langen Kette ist. Der Blick von der Südostseite des Domkreuzganges vermittelt Achtung vor der Vergangenheit. Der Besuch des Domkreuzganges kann dann zu mehr Demut führen.

Mosaik Ambrosius in der Basilika Sant' Ambrogio (Mailand)

02 // St. Ambrosius:
Der „Heilige von Mailand“ ist ein Trierer

Am 5. Dezember 1997 empfing der Bürgermeister von Mailand, Gabriele Albertini, den Trierer Oberbürgermeister im Mailänder Rathaus. Es war schon überraschend, welch großes Interesse das Stadtoberhaupt der norditalienischen Metropole an Trier, der ältesten deutschen Stadt, zeigte. Besondere Fragen galten einer italienischen Partnerstadt der Stadt Trier: Mit welcher italienischen Stadt ist Trier partnerschaftlich verbunden? Sehr ausführlich und mit einem gewissen Stolz informierte ich den italienischen Kollegen darüber, dass es schon seit 1958 eine Partnerschaft mit Ascoli Piceno gebe. Den Anstoß für diese Verbindung habe der Heilige Emigdius (San Emidio) gegeben. Emigdius, so werde berichtet, wurde 273 in Trier, der Augusta Treverorum, geboren. Er wurde später der erste Bischof von Ascoli Piceno. Unter Kaiser Diokletian starb er im Jahre 303 den Märtyrertod. Den Zuspruch, den Emigdius bei den Menschen fand, sein Auftreten als wundertätiger Heiliger wurde von den römischen Herrschern zunehmend als Gefahr angesehen. Bis heute werde er als Schutzheiliger gegen Erdbeben verehrt.

Mein Bericht über die Trierer Städtepartnerschaft mit Ascoli Piceno, über den Heiligen Emigdius führte bei dem Mailänder Bürgermeister zu einem Stirnrunzeln. War es Skepsis? Waren es Zweifel?

Diese Reaktion erinnerte an eine Begebenheit aus dem Jahre 1958. Eine Trierer Delegation hatte in diesem Jahr, unmittelbar nach der Begründung der Städtepartnerschaft mit Ascoli Piceno, den Mailänder Bischof Montini, den späteren Papst Paul VI., besucht. Zur Delegation gehörten der damalige Oberbürgermeister Heinrich Raskin und Prior Eucharius Zenzen von der Abtei St. Matthias. Bruder Eucharius lobte in diesem Gespräch den Heiligen Emigdius. Als er geendet hatte, so wird berichtet, habe der Mailänder Kardinal geschmunzelt und gesagt: „Aber eines steht doch fest: Der größte Trierer in Italien ist der Bischof Ambrosius.“[1]

[1] *Vgl. dazu: „Pfarrzeitung Dom und Liebfrauen in Trier“: „Ambrosius, der größte Trierer der alten Augusta Treverorum“, Januar 1998.*

Beim Besuch im Mailänder Rathaus wurde sehr schnell deutlich: Ambrosius ist **der** Heilige in Mailand. Und deshalb erfreute und erfreut sich seine Geburtsstadt Trier eines besonderen Interesses. Dies besonders im Jahre 1997. In diesem Jahr erinnerte Mailand an den sechzehnhundertsten Todestag des Heiligen, den 4. April 397. Und das Jubiläumsjahr, das Jahr des heiligen Ambrosius, war der Grund des Besuches des Trierer Bischofs Dr. Hermann Josef Spital und des Trierer Oberbürgermeisters Anfang Dezember 1997. Der Mailänder Erzbischof, Kardinal Carlo Maria Martini, hatte den Trierer Bischof und den Oberbürgermeister in das „Ehrenkomitee des St. Ambrosius-Jahres" berufen. Das Gedenkjahr war in Mailand von Erzbischof Martini am 7. Dezember 1996 mit einem feierlichen Festgottesdienst in der Mailänder Basilika Sant' Ambrogio am Grab des heiligen Ambrosius eröffnet worden. Gestorben war Ambrosius am 4. April 397, am Samstag vor Ostern. Am 7. Dezember 374 wurde Ambrosius zum Bischof geweiht. Ambrosius bezeichnete dieses Datum als seine Neugeburt. Bis heute ist der 7. Dezember in Mailand der Festtag des Stadtheiligen. Im Jahre 1997 war dieser Tag der Abschlusstag des Ambrosius-Jahres. Der Tag ist darüber hinaus ein Fixpunkt des Mailänder Kulturlebens. Die Saison-Eröffnung der Scala, eines der berühmtesten Opernhäuser der Welt, am 7. Dezember ist das wichtigste gesellschaftliche Ereignis Mailands.

Ambrosius-Relief im Westturm der Porta Nigra

Natürlich nutzte der Trierer Oberbürgermeister im Mailänder Rathaus die Gelegenheit und erläuterte die Bedeutung des hl. Ambrosius für die Stadt Trier und hob den Stolz der Trierer hervor, dass ein solch bedeutender Heiliger in der Stadt Trier geboren ist. Mit Stolz hatte schon Weihbischof Nikolaus von Hontheim um 1750 unter das Brustbild des Heiligen in der alten Simeonkirche, das bis heute in der Porta Nigra zu sehen ist, die Worte einmeißeln lassen:

Treveri natus
eam officio
pietatis et
religionis
bis revisit
383 & 384[2]

(In Trier geboren, besuchte er die Stadt im Dienst der Menschlichkeit und Religion noch zweimal in den Jahren 383 und 384.)

Unterschrift des Ambrosius-Reliefs

Aber auch weitere Zeugnisse des hl. Ambrosius in seiner Geburtsstadt hob der Oberbürgermeister hervor. Natürlich fehlte nicht der Hinweis auf die 1947 geweihte Pfarrkirche St. Ambrosius in Trier Nord. Der Kirchenlehrer ist auch auf der Kanzel der Antonius Kirche und auf einem Fenster in der Katholischen Akademie ‚Auf der Jüngt' zu sehen. Besonders reich ist die Trierer Stadtbibliothek an Handschriften der Karolingerzeit und Drucken seit der Gutenbergbibel. Darunter sind viele Schriften von Ambrosius oder Gebete, beginnend mit einem Kommentar zum Römerbrief des Apostels Paulus aus dem 9. Jahrhundert. Es finden sich weitere Abbildungen und auch Zensurvermerke des 16. Jahrhunderts in der Stadtbibliothek in Trier.

Diese vielfältigen Zeugnisse des hl. Ambrosius in seiner Geburtsstadt waren aus Anlass des Besuches in Mailand in einem Fotoalbum zusammengestellt worden. So hatte ich für den Mailänder Oberbürgermeister ein attraktives und wertvolles Gastgeschenk, das ich ihm beim Empfang im Rathaus überreichte. Welche Bedeutung für die Stadt Mailand und für den Bürgermeister der lombardischen Stadt der Besuch der Trierer Delegation hatte, konnte man dem Gastgeschenk für den Trierer Oberbürgermeister entnehmen. Bürgermeister Gabriele Albertini überreichte das Mailänder Stadtsiegel als höchste Auszeichnung für Gäste der Stadt.

Ambrosius wurde 339 in Trier geboren. Der Vater des Ambrosius war Praefectus praetoria Galliarum, der höchste Beamte der römischen Provinz Gallien. Zeitweise wurde die Geburt des hl. Ambrosius in Trier problematisiert.

[2] *Binsfeld; Wolfgang: „Die Heiligendarstellungen im Westturm der Porta Nigra". In: Kurtrierisches Jahrbuch 1980, S. 142.*

„Tatsächlich schreibt etwa der Trierer Stadthistoriker Gustav Kentenich († 1939), Ambrosius sei ‚wahrscheinlich in Trier geboren': eine Einschränkung, die man auch heute noch bei dem einen oder anderen Gelehrten lesen kann. Allerdings gibt die weitaus überwiegende Zahl der Forscher als Geburtsort für Ambrosius ohne Fragezeichen Trier an … Auch die sehr kompetenten Mailänder Ambrosius-Forscher sind einhellig und ohne Fragezeichen der Meinung, dass ihr großer Bischof in Trier geboren ist."[3] Eine sichere Quelle für diese Festlegung ist der Biograph des hl. Ambrosius, der Diakon Paulinus, ein Zeit- und Hausgenosse des verehrten Mailänder Bischofs. „Paulinus erzählt ein Erlebnis aus der frühesten Kindheit des späteren Bischofs … Als Ambrosius noch in der Wiege lag, habe sich eines Tages zum Schrecken der Amme ein Bienenschwarm auf den Mund des Säuglings niedergelassen: der Vater habe aber nicht gewollt, dass er verscheucht werde, weil er in ihm ein Vorzeichen für kommende Größe des Kindes sah, näher hin – so meint Paulinus – für die honigfließenden Reden, die einmal aus seinem Munde kommen sollten. Wir wissen, dass diese Bienenwunder-Erzählung, die in der Ikonographie unseres Heiligen eine große Rolle spielt und die dazu geführt hat, dass man ihn im Mittelalter und darüber hinaus als Patron der Imker verehrt hat, ein sog. Wandermotiv ist, das zu den legendären Elementen der Vita gehören dürfte. Aber es ist interessant, wohin der mit dem Lebenslauf seines bischöflichen Herrn vertraute Biograph das Bienenwunder verlegt: die Wiege stand – so sagt er – in area praetorii, im überdachten inneren Hofraum des Prätoriums. Ganz unabsichtlich gibt unser Gewährsmann zu erkennen, dass er nichts anderes weiß, als dass der Säugling am

Überreichung des Trierer Gastgeschenks

[3] *Fischer, Balthasar: „Ambrosius, Bischof von Mailand (+397), geboren in Trier". In: Kurtrierisches Jahrbuch 1985, S. 23 f.*

Dienstort und in dem Dienstgebäude des Vaters, also in Trier, sein Leben begonnen hat."[4]

Ambrosius ist kein Ur-Trierer; die Wechselfälle eines Beamtenlebens haben dafür gesorgt, dass er vor mehr als sechzehnhundert Jahren in der Stadt Trier das Licht der Welt erblickt hat. Es gibt sogar, aufgrund der Darstellung des Paulinus, die begründete Vermutung, wo seine Wiege stand. Neben der Palastaula des Konstantin (der „Basilika") lag das Prätorium mit Garten, wo Ambrosius als Sohn des Prätors für ganz Gallien geboren ist.

Ambrosius hat in Trier seinen ersten Schreibunterricht erhalten. Der Unterricht mit einem Privatlehrer können wir uns aufgrund des bekannten Schulreliefs im Rheinischen Landesmuseum vorstellen. Der Vater des Ambrosius starb sehr früh, und die Mutter kehrte mit ihren Kindern, Ambrosius hatte noch eine Schwester und einen Bruder, nach Rom zurück. Dort erhielt er eine rhetorische-juristische Ausbildung. Schon mit dreißig Jahren wird er Statthalter in Oberitalien. Sein Amtssitz war Mailand. Er war gläubiger Christ, aber eine lange Zeit noch nicht getauft, sondern Katechumene (Anwärter auf die Taufe).

374 starb Auxentius, der Bischof von Mailand. „Bei der Bischofswahl – noch selbstverständlich nach dem ursprünglichen Muster öffentlich in der Bischofskirche von Volk und Klerus vorgenommen – kam es in der Kirche zu tumultartigen Auseinandersetzungen zwischen der arianischen und der antiarianischen Partei. Ambrosius wird in seiner Eigenschaft als Statthalter herbeigerufen, so wie man heute bei einer ausartenden Demonstration den Polizeipräsidenten herbeiruft – und auf einmal kommt die Idee auf – Paulinus berichtet, eine Kinderstimme habe sie als erste ausgesprochen – ob nicht dieser so überlegene Staatsbeamte Ambrosius selbst der neue Bischof werden könne. Es spricht für das Ansehen, das der junge Statthalter sich bereits hatte erwerben können – er war gebildet, energisch, verständnisvoll, unparteiisch, wie wir ihn in seinem ganzen Leben kennen – dass diese Idee sich, zunächst gegen den Willen des Betroffenen, durchsetzte; er verlangte schließlich nur noch das Einverständnis Kaiser Valentinians I. Als er dieses (übrigens in Trier unterzeichnete) kaiserliche Schriftstück in Händen hielt, gab er nach und ließ sich von einem nizänisch gesinnten Priester taufen. Acht Tage später (doch wohl am 7. Dezember 374, nicht, wie einige Forscher meinten, ein Jahr später) wird

[4] *Ebd., S. 24 f.*

er von drei Bischöfen aus der Gruppe der Anhänger des Konzils von Nizäa[5] zum Bischof geweiht."[6]

Ambrosius hatte als Bischof in seiner Zeit eine überragende kirchenpolitische Bedeutung. Er zählt zu den großen Kirchenlehrern der frühen Kirche. Bis heute wird seine besondere Art einer volksnahen Liturgie im Mailänder Dom gepflegt. Großen Einfluss hatte er auf Augustinus, den er Ostern 387 taufte. Sehr bekannt ist auch der „Hymnendichter" Ambrosius. Das überrascht insofern, als er aus der politischen Laufbahn gekommen war. Er hatte wichtige kirchenpolitische Aufgaben zu erfüllen; er war ein leidenschaftlicher Seelsorger. Dennoch fand er die Zeit, seinen Glauben in Hymnen zu zeigen. Seine Lieder wurden begeistert aufgenommen. „So hat man Ambrosius mit Recht ‚den eigentlichen Schöpfer des Hymnengesangs im Abendland' genannt."[7] Seine Lieder werden in Deutschland heute in den beiden großen Konfessionen gesungen. So fand beispielsweise als Trierer Abschluss des Ambrosiusjahres 1997 in der evangelischen Kirche zum Erlöser (Konstantin-Basilika) am Abend des 14. Dezember 1997 eine „Ökumenische Vigilfeier im Gedenken an Bischof Ambrosius von Mailand" statt. Die Leitung hatten Superintendent Ulrich Hahn und Bischof Hermann Josef Spital. Ein Höhepunkt dieses Gottesdienstes war der ambrosianische Lobgesang der Kantorei der Evangelischen Kirchengemeinde Trier. Ambrosius starb am 4. April 397. Sein Grab befindet sich in Mailand in der Grabeskirche des Heiligen Sant' Ambrogio.

Hatte die Trierer Delegation im Dezember 1997 schon im Mailänder Rathaus erfahren, welche herausragende Bedeutung Ambrosius in der Stadt Mailand hatte, so wurde dies auch durch die Begegnungen mit dem Mailänder Erzbischof, Kardinal Carlo Maria Martini, nachhaltig bestätigt. Das ganze erste Wochenende im Dezember stand im Zeichen des Ambrosiusjahres. Mailand feierte den heiligen Ambrosius. Und die Trierer waren dabei.

In der Abschlussvesper am 5. Dezember 1997 in der Basilika S. Ambrogio stand ein Ausspruch des heiligen Ambrosius im Mittelpunkt der Predigt von Erzbischof Martini („Rede an die Stadt"): „Christus ist alles für uns." Dieses Wort weise auf die sozialen Pflichten der Christen hin. Schon Ambrosius habe gegen den Missbrauch von Reichtum und Eigentum geklagt. „Auch heute beobachte er – so der Erzbischof von Mailand – zunehmende Entsolidarisierung in der Gesellschaft,

[5] *Ambrosius war Anti-Arianer, Anhänger des Konzils von Nicäa, also des Glaubens an Christus als den wesensgleichen Sohn Gottes. Arianer betrachteten die im Konzil von Nicäa behauptete Wesensgleichheit von Gott/Gott-Vater und Sohn (Bekenntnis von Nicäa) als Irrlehre.*

[6] *Fischer, Balthasar, a.a.O., S. 26f.*

[7] *Fischer, Balthasar, a.a.O., S. 30.*

Vesper am 5. Dezember 1897 in der Basilika Sant' Ambrogio

wo dem Eigen- und Privatwohl gegenüber dem Gemeinwohl oftmals der Vorrang eingeräumt werde."[8]

Im Anschluss an die Vesper waren die Trierer Gäste zu einem offiziellen Essen in den erzbischöflichen Palast eingeladen: „Ihre Anwesenheit ehrt uns und erinnert uns an die Wurzeln, die Familie und Erziehung meines großen Vorgängers. Sie schlagen die Brücke von der Geburtsstadt zur Wirkungs- und Bischofsstadt des heiligen Ambrosius"[9]. So begrüßte der Mailänder Kardinal seine Trierer Gäste. Den Bewohnern der Stadt Trier, der Geburtsstadt des Heiligen übermittelte Martini herzliche Grüße. Da der Erzbischof sehr gut Deutsch sprach, war die Verständigung zwischen ihm und den deutschen Gästen unkompliziert. Seine freundliche und sehr interessierte Art, seine besondere Eigenart, sich seinen Gesprächspartnern zuzuwenden, erklärten seine Beliebtheit bei den Menschen in seiner Diözese. Man spürte, die Menschen liebten ihren Erzbischof. Er war am 29. Dezember 1979 zum Erzbischof von Mailand ernannt worden; ein ungewöhnlicher Kirchenmann,

[8] *Paulinus vom 21./28. Dezember 1997: „Brückenschlag zwischen Geburts- und Bischofsstadt" (Ulrich von Plettenberg).*

[9] *Ebd.*

Geschenk für Kardinal Carlo Maria Martini

der immer wieder freimütig seine Stimme erhob, Impulse in seiner Kirche gab, „die er liebte, und für die er sich einsetzte und verbrauchte. Menschen waren ihm dabei stets wichtiger als Strukturen oder Vorschriften. Immerhin war er beim Konklave der Wunschkandidat des aufgeschlossenen Flügels der Kardinäle gewesen. Trotzdem ist es müßig, darüber zu spekulieren, wie sich die Kirche seit April 2005 entwickelt hätte, wäre aus dem ‚roten Martini' (Kardinal) der ‚weiße Martini' (Papst) geworden, wie ein Wortspiel in Italien besagte, auf das er oft angesprochen wurde."[10] Erzbischof Carlo Maria Martini lebte nach seinem altersbedingten Rückzug in Mailand und in Jerusalem. Er starb am 31. August 2012.

Der Besuch der Trierer führte zu einer immerwährenden Begegnung mit dem heiligen Ambrosius. Ein Besuch der Mailänder Universität durfte nicht fehlen.
War doch hier eine große renovierte Ambrosius-Statue zu sehen. Und auch beim Besuch der Pfarrei Liscate am Stadtrand von Mailand war der heilige Ambrosius der Mittelpunkt der Begegnung. Eine Gruppe Jugendlicher aus der Mailänder Pfarrei war am 1. Mai 1997 vom Trierer Dom aus zu einem Fackellauf zurück in ihre Heimat gestartet. Dies war ihr Beitrag zum Ambrosius-Jubiläumsjahr. Bischof Hermann Josef Spital hatte die Fackel nach dem Pontifikalamt im Trierer Dom an der Osterkerze entzündet. Zusammen mit dem Pfarrer der Gemeinde Liscate feierte Bischof Spital am 6. Dezember 1997 in der Pfarrkirche San Giorgio ein Pontifikalamt im ambrosianischen Ritus.

Der Besuch in Mailand, die Teilnahme an den Feierlichkeiten am Ende des Ambrosius-Jahres, das umfassende Erscheinen seines Namens in der oberitalienischen Stadt – selbst in den Pasticcerien Mailands wird sein Name durch die Süßspeise ‚Ambrosiana' hochgehalten – führte bei den Trierern zu neuen Erkenntnissen: Der heilige Ambrosius wurde quasi neu entdeckt. Dazu trug auch Erzbischof Martini in seinen Predigten und Ansprachen bei, wenn er dazu aufforderte, das geistige Erbe seines Vorgängers für die heutige Zeit neu zu sehen und zu nutzen. Die herausragende Stellung des heiligen Ambrosius in Mailand führte natürlich auch zu Stolz bei den Trierern. Denn der Heilige von Mailand ist ein Trierer.

Aber man stellte sich auch die Frage, ob man in Trier dieser überragenden Bedeutung des heiligen Ambrosius gerecht werde. Wird ihm in seiner Geburtsstadt die seiner Bedeutung angemessene Aufmerksamkeit geschenkt?

In dem Buch „Trierer Heilige – Mit den Freunden Gottes die Stadt verstehen lernen"[11] lenken die Verfasser bei einem Gang durch die Stadt Trier die Aufmerksamkeit auf „Glaubensboten, die außerhalb der Kirchen ins Auge fallen". Bei diesem Rundgang durfte natürlich der Blick auf „Ambrosius vor der Ambrosius-Kirche" in Trier Nord nicht fehlen. 1947 wurde eine ehemalige Reithalle der angrenzenden Kasernen zu einer Kirche umgebaut, die Einweihung erfolgte am 12. Oktober 1947. Im Jahre 1963 erhielt die Pfarrei St. Ambrosius eine Statue ihres Schutzheiligen. Sie steht auf dem Platz vor dem Kircheneingang. Die Mitra,

[10] *Andreas R. Batlogg: „Der unerhörte Kardinal". In: Stimmen der Zeit 137 (2012) 793–794.*

[11] *Ekkart Sauser/Samuel Acloque: „Trierer Heilige – Mit den Freunden Gottes die Stadt verstehen lernen". Trier 2017 (Paulinus Verlag).*

Pfarrkirche St. Ambrosius in Trier-Nord

der Bischofsstab, eine Schriftrolle und ein Bienenkorb – diese wichtigen Attribute ergänzen die Figur des Kirchenvaters. Die Beschreibung der Statue endet in dem Buch mit einer kritischen Bewertung; „Ja, die Gestalt des Ambrosius, inmitten eines der großen sozialen Brennpunkte unserer Stadt scheint fast ein wenig allein gelassen."[12]

Deutschlands älteste Stadt feierte 2004 ihren 2020. Geburtstag. Für dieses Jubiläum wählte man das Motto „Trier 2020 + mehr". Dieser Slogan wurde deshalb ausgesucht, weil die Ursprünge der von Kaiser Augustus gegründeten „urbs opulentissima" womöglich noch älter sind, wie Funde bei Ausgrabungen auf dem Petrisberg zu Tage förderten.

Eine Reihe von Aktivitäten hoben im Jahre 2004 das Jubiläum hervor; darunter die Aktion „Wer ist der größte Trierer?" Die Bürgerinnen und Bürger sollten mit Ihrer Stimme eine Wahl treffen. Die Idee kam bei den geschichtsbewussten Triererinnen und Trierern gut an. Nach Stadtgründer Augustus, Kaiserin Helena und Balduin von Luxemburg wurde als 4. Kandidat mit Friedrich von Spee

[12] *Ebd., S. 34.*

(1591 bis 1635) der erste Jesuit vorgestellt. Der Name „Spee“ ist vor dem Hintergrund des Konfessionsstreits, der Epidemien und Hungersnöte des 30-jährigen Krieges vor allem mit seinem Eintreten gegen die Hexenprozesse erinnerungswürdig geblieben.

Weitere Kandidaten bei der Frage „Wer ist der größte Trierer“ waren der Eremit Simeon aus Syrakus und der 1818 in Trier geborene Karl Marx. Dem Begründer des „wissenschaftlichen Sozialismus“ folgte (nicht ohne tiefgründigen Sinn) als weiterer Kandidat Pater Oswald von Nell-Breuning SJ. Der 1890 in Trier geborene Jesuitenpater legte 1908 sein Abitur am Friedrich-Wilhelm-Gymnasium ab und damit am selben Gymnasium wie 73 Jahre zuvor sein großer Antipode Karl Marx, zu dessen Zeiten die Schule noch den Namen „Jesuitengymnasium“ trug. Nell-Breuning wurde 1981 Ehrenbürger der Stadt Trier. Bei der Wahl zum „größten Trierer“ standen noch Kaiser Konstantin und der Reformator Caspar Olevian zur Auswahl. Der Wettbewerb unterlag keinerlei wissenschaftlichen oder repräsentativen Kriterien. Er unterschied auch nicht zwischen „Größe“ und „Bekanntheit“. Für Insider stand deshalb der Gewinner der Postkarten-Ausschreibung und Internetabstimmung schon vor Beginn der Aktion fest: Karl Marx. Knapp 4000 Stimmen wurden abgegeben; davon entfielen auf Karl Marx 1463 Stimmen. Auf den nachfolgenden Plätzen folgten die Kaiser Augustus und Konstantin. Die Aktion im Rahmen der Jubiläumsfeier war ein Erfolg. Die Beteiligung zeigte, dass die Trierer stolz sind auf ihre Stadt und deren Geschichte. Man hatte im Rathaus mit dieser Wahl offensichtlich einen Nerv getroffen.

Allerdings stellte man sich auch die Frage: Warum stand der heilige Ambrosius nicht als Kandidat zur Wahl? Wird in Trier dem heiligen Ambrosius die Aufmerksamkeit geschenkt, die ihm europaweit, natürlich erst recht in Mailand, entgegengebracht wird?

Schlüsselübergabe

03 // 1794–1999: Französische Soldaten in Trier

Eine Ära ging zu Ende

Am 27. September 1992 wurde im Rheinischen Landesmuseum in Trier die Ausstellung „Goethe in Trier und Luxemburg – 200 Jahre Campagne in Frankreich“ eröffnet. Geschichtlicher Hintergrund war der Feldzug der preußisch-österreichischen Allianz gegen die französische Revolutionsarmee vor 200 Jahren. Johann Wolfgang von Goethe nahm auf Wunsch seines Freundes Carl-August, dem Herzog von Sachsen-Weimar, an diesem Feldzug teil. Mit der Kanonade bei Valmy nahm der Feldzug der Alliierten ein unerwartetes Ende. Dieses Ereignis war ein dramatischer historischer Wendepunkt. Goethe soll hier den berühmten Satz gesprochen haben: „Von hier und heute geht eine neue Epoche der Weltgeschichte aus, und ihr könnt sagen, ihr seid dabei gewesen.“ Auf dem Weg nach Frankreich und dann beim „erbärmlichen“ Rückzug nach der Niederlage der Koalitionsarmee war Goethe jeweils einige Tage in Trier und in Luxemburg. Er war ein besonderer „Kriegsberichterstatter“, der zahlreiche Ausrüstungsgegenstande, Stadtansichten, Reisedokumente und Zeichnungen hinterließ. Sie bieten die Möglichkeit, den Feldzug gut zu dokumentieren und zu veranschaulichen. Seit 1987 sind die beiden Städte Trier und Weimar durch eine Städtepartnerschaft sehr eng miteinander verbunden. Und es lag deshalb sehr nahe, dass Luxemburg, Weimar und Trier gemeinsam eine Ausstellung vorbereiteten und präsentierten. Durch die Teilnahme Weimars erhielt das Projekt eine besondere Qualität. Die Ausstellung wurde in Trier, Luxemburg und in Weimar gezeigt. In Triers Partnerstadt standen die Zeichnungen Goethes im Mittelpunkt, die er während der Campagne und später in der Retrospektive angefertigt hatte. Die Ausstellung hatte großen Zuspruch. Dies hing auch mit den insgesamt 250 Exponaten zusammen, die unter der Federführung der Trierer Stadtbiblio-

Eintrittskarte der Ausstellung 1992

thek aus den Veranstaltungsstädten, aber darüber hinaus aus ganz Europa zusammengetragen worden waren.

Am 24. September 1992, also unmittelbar vor der Eröffnung der Ausstel-

lung, fand im Trierer Rathaus eine symbolträchtige Veranstaltung statt. Der Leiter der Trierer Stadtbibliothek, Professor Dr. Gunther Franz, überreichte dem Trierer Oberbürgermeister ein besonders wertvolles Ausstellungsstück: Die Stadtschlüssel, die vor fast 200 Jahren, am 9. August 1794 von dem damaligen Bürgermeister Ludwig Karl Gottlieb (1731–1799), von Ratsmitgliedern begleitet, einem französischen General feierlich auf dem Hauptmarkt vor der Hauptwache überreicht wurden.[1] Die übergebenen Stadtschlüssel waren gleichzeitig ein Zeichen der Kapitulation und ein Siegeszeichen. Die Franzosen hatten in dieser Zeit noch zahlreiche andere Stadtschlüssel erbeutet. Alle wurden im Pariser Stadtarchiv als historisches Zeugnis aufbewahrt.

Während der Zeit der Ausstellung „Goethe in Trier und Luxemburg – 200 Jahre Campagne in Frankreich" im Jahre 1992 bat die Stadt Trier bei Professor Jean Favier, dem Generaldirektor des Nationalarchivs in Paris, um die Erlaubnis, einen Abguss der Stadtschlüssel anfertigen zu lassen. Diesem Anliegen der Stadt Trier wurde zugestimmt, und gleichzeitig wurde mitgeteilt, dass man die Repliken der Trierer Stadtschlüssel in Trier feierlich überreichen wolle. Dieses feierliche Zeremoniell fand am 23. Juni 1994 nachmittags vor der Konstantin Basilika in Trier statt. Dass diese Feier eine besondere Bedeutung für die französischen Freunde, aber auch für die Stadt Trier hatte, wurde an der Gästeliste deutlich: Aus Frankreich war zu diesem Anlass General Alain Curé anwesend. Der französische Botschafter in der Bundesrepublik Deutschland, Francois Scheer, war bereits am Vormittag des 23. Juni 1994 aus Bonn angereist und hatte sich in das Goldene Buch der Stadt Trier eingetragen. Soldaten der deutschen Bundeswehr (Oberst Werner Nowak, Wehrbereichskommando 42) und französische Soldaten (Colonel Gérard Bezacier, 13. régiment du génie, 6. régiment, Fanfarenzug) bildeten den militärischen Rahmen. Im Vorfeld der Veranstaltung wurde oft gefragt, ob die Schlüsselübergabe an die Franzosen vor 200 Jahren ein so herausragendes historisches Ereignis gewesen sei, dass man im Jahre 1994 mit einer feierlichen Veranstaltung daran erinnern musste? Gefragt wurde auch, was die französischen Freunde nach zwei Jahrhun-

[1] *Vgl. dazu: Franz, Gunther: „Die zweifache Übergabe der Trierer Stadtschlüssel 1794–1994". In: „Unter der Trikolore. Trier in Frankreich – Napoleon in Trier". (Ausstellungskatalog: Hg. Dühr, Elisabeth und Lehnert, Christel), Trier 2004, S. 225–237.*

Symbolische Überreichung der Stadtschlüssel 1992

derten dazu bewegt hatte, der Stadt Trier symbolisch den Stadtschlüssel zurückzugeben. Ein Blick in die Geschichte der Stadt Trier beantwortet diese Fragen.

Die Eroberung Triers im Jahre 1794 steht in einem direkten Zusammenhang mit dem Scheitern des Feldzuges von 1792. Gerade deshalb wurden die Originale der Trierer Stadtschlüssel für die Ausstellung ausgeliehen. „So wie mit der Kanonade von Valmy eine neue Epoche der Weltgeschichte begann, so begann mit der Schlüsselübergabe von 1794 eine neue Epoche der Trierer Stadtgeschichte. Die Schlüssel stehen symbolisch für den Untergang der alten und den Beginn einer neuen Ordnung. Für Trier symbolisieren sie den Übergang vom Feudalismus zur Moderne.“[2]

Zunächst war ein politischer Bedeutungsverlust festzustellen. Die Stadt Trier war nicht länger Hauptstadt eines souveränen Staates und Regierungssitz eines der mächtigsten Kirchenfürsten des Heiligen Römischen Reiches Deutscher Nation. An der Spitze stand jetzt eine französische Militärregierung. Die Errungenschaften der französischen Revolution wurden nun auch in Trier bestimmend. Der Gleichheitsgrundsatz in der Rechtsprechung, eine neue demokratischere Gemeindeverfassung, die Gewerbefreiheit wurden auch in Trier Wirklichkeit. Der Anschluss der linksrheinischen Teile von Kurtrier an die Französische Republik wurde nach und nach vollzogen. Der Frieden von Lunéville im Jahre 1801 bedeutete das endgültige Ende für den Trierer Kurstaat. Am 6. März 1801 wurde das linke Rheinufer durch ein Gesetz ausdrücklich zum französischen Staatsgebiet erklärt. Trier wurde Departementshauptstadt des neu eingerichteten Saardepartements. Napoleon war 1804 in Trier und wurde zum damaligen Zeitpunkt gefeiert. Insgesamt kann man die 20 Jahre von 1794 bis 1814 eher als einen positiven Abschnitt der trierischen Geschichte darstellen. Mit dem Übergang zu Preußen nach dem Wiener Kongress setzte dagegen ein starker wirtschaftlicher Niedergang ein. Die Ansätze der französischen Wirtschaftspolitik, die durchaus positiv waren, wurden erstickt. Es folgte eine sehr schwierige Phase in Trier. Eine langwierige Wirtschaftskrise führte zu zahlreichen sozialem Problemen.

In den unruhigen nachfolgenden Zeiten schlossen sich drei Kriege an, in denen sich das schwierige Verhältnis der Deutschen zu den Franzosen letztlich gründete. Immer wieder bestimmten französische Soldaten das Stadtbild Triers. Die Präsens der Truppen in Trier spiegelt die wechselvolle Geschichte der Stadt wider. Ihre Grenzlage wurde der Stadt oft zum Verhängnis und machte sie zum Spielball.

---

[2] Rede Oberbürgermeister Helmut Schröer anlässlich eines feierlichen Zeremoniells der Übergabe einer Replikation der Trierer Stadtschlüssel am 23. Juni 1994 vor der Basilika.

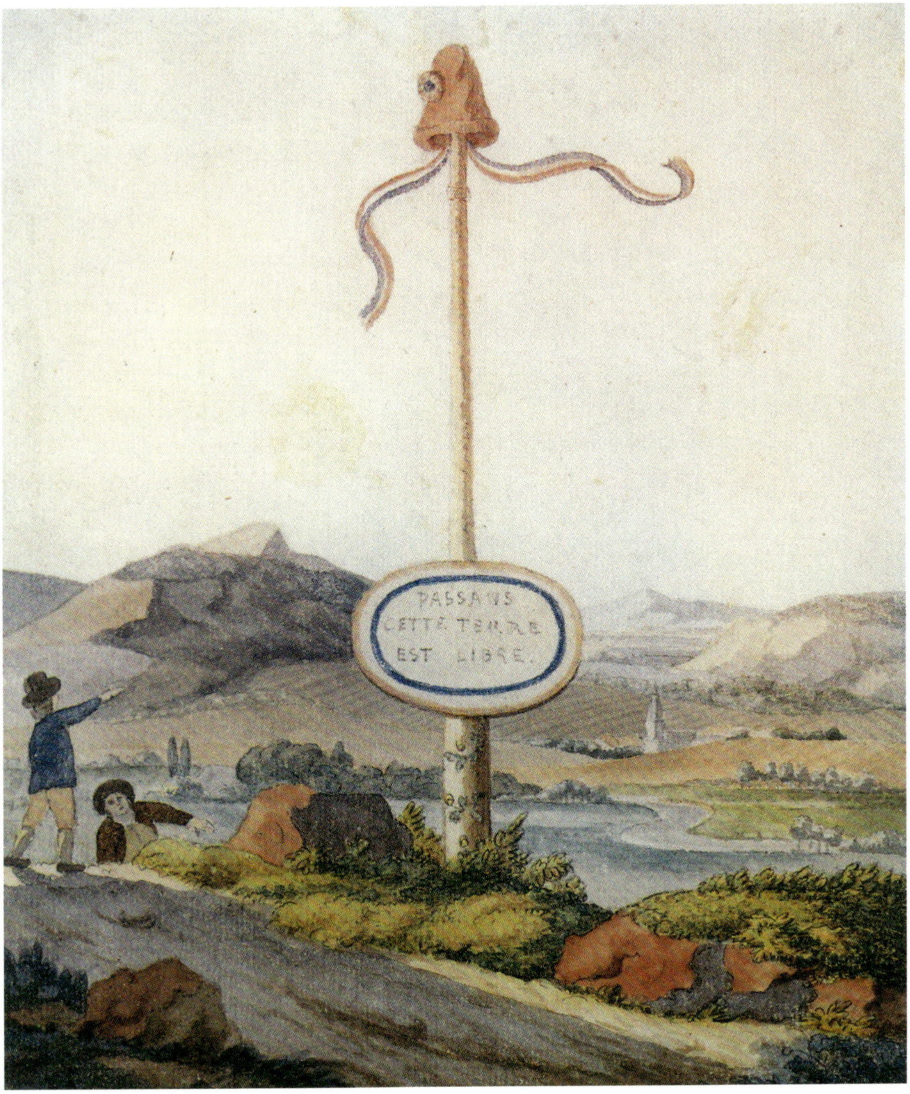

Freiheitsbaum mit Jakobinermütze an der Mosel bei Schengen
(Aquarell von Johann Wolfgang Goethe)

Die Bedeutung Triers wurde vor allem darin gesehen, ein strategisch wichtiges Aufmarschgebiet für militärische Aktionen zu sein; vor allem gegen den Erbfeind. Nach den verlorenen Weltkriegen im August 1919 und im Juli 1945 zogen die französischen Truppen als Sieger in Trier ein. Gemeinsam mit der Besatzungsmacht Frankreich hatte im Jahre 1945 der damalige Oberbürgermeister Friedrich Breitbach die schwierige Aufgabe, den Wiederaufbau der zerstörten Stadt anzugehen und demokratische Strukturen zu schaffen. In den ersten Amtlichen Mitteilungen nach dem Zweiten Weltkrieg rief er die Bürgerinnen und Bürger der Stadt Trier zu einem „schnellen Aufbau“ der Stadt auf: „Die Nazityrannei ist verschwunden. Geblieben ist ein Trümmerfeld. Auch unsere schöne Stadt weist klaffende Wunden auf, und es wird viel Mühe kosten, sie zu beseitigen.“[3] Am 3. Oktober 1945 besuchte Charles de Gaulle die Stadt Trier.[4] In einem Saal des Hotels Porta Nigra fand ein Empfang statt. „De Gaulle selbst berichtet darüber: ‚In Trier erlebte ich das gleiche Schauspiel von stummer Resignation und hohen Trümmerbergen. Die alte Moselstadt indessen hat ihren Anblick um die Porta Nigra bewahrt, die inmitten aller Zerstörungen unversehrt geblieben ist. Die lokalen Größen, unter ihnen Bischof Bornewasser, öffneten mir ihr blutendes Herz. Ich sprach mit ihnen ähnlich wie in Saarbrücken. Frankreich, so sagte ich, ist nicht hier, um zu nehmen, sondern um das neue Leben zu fördern.‘“[5]

Dies waren Worte der Aussöhnung. Sie gaben der Trierer Bevölkerung Mut, den schwierigen Wiederaufbau anzugehen. Das Ziel einer deutsch-französischen Freundschaft war noch in weiter Ferne. Für einen neuen Weg des Miteinanders gab es durch General de Gaulle aber erste Ansätze. Noch waren viele Hürden und so manche Rückschläge zu überwinden. Französische Soldaten gehörten seit dem Ende des Zweiten Weltkriegs zum Stadtbild. Zeitweise war Trier nach Paris die zweitgrößte französische Garnisonsstadt. Noch 1983 lebten rund 11.000 französische Soldaten mit ihren Angehörigen in Trier. 1984 war die Zahl schon auf 9000 französische Mitbürgerinnen und Mitbürger zurückgegangen.

Das Jahr 1989 veränderte die Welt. Und zunehmend wurde das Thema Abrüstung zu einem wichtigen Thema, besonders für die Stadt Trier. Die tiefgreifende Veränderung der politischen Lage in Europa und im Ost-West-Verhältnis führte zu einer Verringerung der militärischen Potentiale in fast allen Ländern: Der Umfang der Streitkräfte wurde reduziert. Von Frankreich war bekannt, dass im Rahmen des Plans „Armee 2000“ die französische Armee ab 1990 in den nächsten vier Jahren um 35.000 Soldaten reduziert werden sollte. Ein Teil dieser Überlegungen war, die Wehrpflicht von zwölf auf zehn Monate zu verringern. Es war naheliegend, dass Trier als eine der größten Garnisonsstädte der Franzosen von diesen Überlegungen tangiert wurde. Als die ersten Überlegungen der Franzosen in Trier

[3] *Oberbürgermeister Friedrich Breitbach in der ersten Ausgabe der „Amtlichen Nachrichten der Stadtverwaltung Trier“ am 30. April 1945.*

[4] *Vgl. dazu: Schröer, Helmut: „Trierer Weichenstellungen Band 1“, Trier 2009, S. 198 f.*

[5] *Zitiert nach Zenz, Emil: „Chronik der Stadt Trier – 2000 Jahre in Daten, Berichten und Bildern“, Trier 1985, S. 176.*

bekannt wurden, war die Stimmung in Trier sehr zwiespältig.[6] War der Wegzug der Franzosen eine Last oder eine Chance? Es gab zahlreiche Stimmen, die den geplanten Abzug der Franzosen als eine große, kaum zu tragende Last für die Stadt Trier empfanden. Das war insofern verständlich, weil seit vielen Jahren große Flächen in der Stadt Trier militärisch genutzt wurden. Anfang der 90er Jahre gab es in Trier insgesamt 43 militärisch genutzte Einzelflächen. 633 Hektar wurden von deutschen, amerikanischen und französischen Militärs genutzt. Allein die 37 „französischen" Liegenschaften ergaben eine Gesamtfläche von 505 Hektar. Das waren 5,4 Prozent des gesamten Stadtgebietes.

Viele Menschen in Trier hatten Sorge, die Stadt Trier, die nach dem Zweiten Weltkrieg erhebliche Mühe hatte, historisch bedingte Strukturschwächen aufzuarbeiten, könne diese neue Last nicht tragen. Die Anforderungen wurden sehr deutlich, wenn man bedachte, dass zu Beginn der 90er Jahre ca. 8000 Personen durch den Wegzug der Franzosen direkt betroffen waren: Soldaten, Familienangehörige, französische Zivilbeschäftigte und auch 670 deutsche Arbeitnehmer, die bei den Franzosen arbeiteten. Hinzu kam als ein weiteres wirtschaftliches Problem, dass durch die französischen Militärs jährlich 140 Millionen DM ausgegeben wurden; für Investitionen, Dienstleistungen, Löhne und Konsum. Das entsprach in etwa einem Sekundäreffekt auf dem Arbeitsmarkt von 1400 Beschäftigten. Die kommunalpolitische Herausforderung war groß. Viele Menschen verloren ihren Arbeitsplatz. Durch den Wegzug von Tausenden französischer Mitbürgerinnen und Mitbürger verlor die Stadt Trier auch etwas von ihrer europäischen Kompetenz. Menschen, die inzwischen zu Freunden geworden waren, zogen weg.

Der geplante Wegzug der Franzosen deutete aber auch auf eine großartige politische Entwicklung hin. Nach dem Zweiten Weltkrieg war die Stadt Trier zunächst eine besetzte Stadt. Die Besatzer waren die Franzosen. Das Verhältnis zwischen den französischen Militärs und der Trierer Bevölkerung war gespannt. Misstrauen, Revanchegelüste – der Boden für ein Miteinander war schlecht bestellt. Inzwischen aber hatte sich aus einer Erzfeindschaft eine Freundschaft entwickelt. Aus Besatzern waren Freunde geworden.

Der Wegzug der Franzosen war eine große Herausforderung, gleichzeitig aber auch eine große Chance. In Trier setzte sich mehr und mehr die Meinung durch, dass die Konversion, die Umwandlung bisher militärisch genutzter Flächen in eine andere, meist private Nutzung, wohl kurzfristig zu Problemen führen, aber mittel- und langfristig zu einem qualitativen Fortschritt führen könne. Man dürfe

[6] *Vgl. dazu: Schröer, Helmut: „Konversion in Trier – Last oder Chance?", in: Neues Trierisches Jahrbuch 1999, S. 197 ff.*

General Philippe Morillion bei seiner Verabschiedung

die zu lösende Aufgabe nicht nur quantitativ betrachten. Städtisches Gelände – immerhin über 500 Hektar, allein von den Franzosen genutzt – stand nun für eine städtische Planung und damit für eine sinnvolle Stadtentwicklung zur Verfügung. Die Planungshoheit der Stadt Trier endete bisher an den Toren der militärischen Liegenschaften. Diese Flächen waren über die ganze Stadt verteilt; sie boten deshalb eine gesamtstädtische Entwicklungschance. Entscheidende Fortschritte für die Stadt konnten durch diese zusätzlichen Flächen eingeleitet werden.

Der Abzug der Franzosen aus Trier vollzog sich in mehreren Abschnitten. 1992 wurde die Truppenstärke reduziert; dies führte zu einer Halbierung der Präsenz der französischen Militärs. Der letzte kommandierende General Philippe Morillon, ein großer Freund der Stadt Trier, verließ Trier. Morillon war nach seiner Trierer Zeit in den Jahren 1992/1993 couragierter Kommandant der Streitkräfte der Vereinten Nationen in Bosnien. Es blieben zwei französische Regimenter, stationiert in Feyen und auf dem Petrisberg, denen jeweils ein Oberst vorstand. Als Folge der ersten größeren Truppenreduzierung in Trier wurde das französische Konsulat in der Parkstraße in Trier Nord am 1. Juli 1992 geschlossen. 1996 lebten nur noch 4079 französische Mitbürgerinnen und Mitbürger, Soldaten mit ihren Familienangehörigen in Trier.

1794 war die Übergabe des Stadtschlüssels durch den Oberbürgermeister der Stadt Trier an den französischen General ein Zeichen der Kapitulation. Die symbolische „Rückgabe“ der Trierer Stadtschlüssel deutete auf den langen Weg hin, der in den zweihundert Jahren zurückgelegt worden war. „Als sich Anfang der 90er Jahre durch die Änderung der weltpolitischen Lage auch der Abzug der französischen Streitkräfte aus Trier ankündigte, haben wir das bedauert. Nicht nur, weil damit zusätzliche wirtschaftliche Probleme verbunden waren. Durch intensive Anstrengungen können wir dieses Problem überwinden. Was wir jedoch nicht ersetzen können, ist der Weggang von Freunden. Die Franzosen gehören zu unserer Stadt, wir leben in Harmonie zusammen, weil wir uns gegenseitig respektieren und voneinander lernen. Deutsch-französische Freundschaft als Kernstück der europäischen Einigung wird in unserer Stadt vorgelebt. … Nach dem ersten Schritt, den Charles de Gaulle 1945 in Trier ging, ist es heute für die Stadt – fast ein halbes Jahrhundert später – ein weiterer Tag mit einer historischen Dimension. Wir erhalten heute den Schlüssel – symbolisch – zurück. Neben der symbolischen Bedeutung der Rückgabe wird damit deutlich, dass es in einem zusammenwachsenden Europa keiner Schlüssel mehr bedarf. Es gibt keinen Grund mehr, die Türe zu verschließen. Im Gegenteil: Wir haben unsere Türen weit geöffnet. Unsere französischen Freunde leben mitten unter uns, und als unsere Freunde sind sie uns stets willkommen.

‚Schlüsselrückgabe‘ und ‚geöffnete Türen‘ sind Ausdruck für ein besonderes Vertrauensverhältnis, das in den vergangenen Jahrzehnten geschaffen wurde. Wir alle sind aufgefordert, dieses Vertrauensverhältnis weiter auszubauen. Jeder an seiner Stelle. Dazu darf ich insbesondere unsere Trierer Mitbürger sehr herzlich auffordern. Hass und Intoleranz, das lehrt uns die Geschichte, haben zwischen Völkern immer für Unfrieden gesorgt. Lernen wir aus der Geschichte. Nur dann hat unsere Stadt eine Zukunft.“[7]

Symbolische Rückgabe des Stadtschlüssels

[7] *Rede Oberbürgermeister Helmut Schröer anlässlich eines feierlichen Zeremoniells der Übergabe einer Replikation der Trierer Stadtschlüssel am 23. Juni 1994 vor der Basilika.*

Am 28. Mai 1996 hatte der französische Staatspräsident Jacques Chirac seine Entscheidung bekanntgegeben, die französischen Verteidigungskräfte in eine Berufsarmee umzuwandeln. In seiner Fernsehansprache sagte er: „Ich schlage daher vor, dass der Wehrdienst, so wie wir ihn heute kennen, ab dem 1. Januar 1997 abgeschafft wird und stattdessen ein freiwilliger nationaler Dienst eingeführt wird, ohne den Grundsatz einer Begegnung zwischen der Nation und ihrer Jugend aufzugeben."[8] Aufgrund dieser Entscheidung der französischen Regierung war es keine Überraschung mehr, dass der Vertreter der französischen Streitkräfte in Trier, Leutnant-Colonel Perrier, den Trierer Oberbürgermeister schon am 17. Mai 1996 über den endgültigen Abzug der französischen Streitkräfte in Trier informierte. Der Abzug sei im Jahre 1999 vorgesehen. Der Standort Trier werde am 31. Mai 1999 aufgelöst. In dem überreichten Schreiben hieß es: „Nach Konsultation der politischen Behörden unserer beiden Länder hat der Verteidigungsminister Charles Millon folgende Umstrukturierungsmaßnahmen für die französischen Streitkräfte beschlossen: Ich darf Ihnen mitteilen, dass die Einheiten und militärischen Einrichtungen, die in TRIER stationiert sind, 1999 aufgelöst werden."

Die Mitteilung war „militärisch" kurz. In der überregionalen Presse hieß es: „Dürre Worte besiegeln das Ende einer Ära."[9] Colonel Perrier hatte im Gespräch auch darüber informiert, dass insgesamt 38 französische Einheiten der französischen Armee, davon 11 in Deutschland, aufgelöst würden. Die Auflösung geschehe in einigen Standorten, so in Speyer, bereits 1997; andere Einheiten, darunter das 13. régiment du génie und das 61. régiment d'artillerie in Trier, am 31. Mai 1999.

Die nunmehr offiziellen Ankündigungen über den vollständigen Abzug der französischen Streitkräfte aus Trier war für die Stadt ein „historischer Einschnitt". Ein bedeutendes Stück der Nachkriegsgeschichte der Stadt Trier ging zu Ende. Die Entscheidung der französischen Regierung war verständlich. Man konnte auf der einen Seite nicht für die allgemeine Abrüstung eintreten, ohne die damit verbundenen Entwicklungen, beispielweise in der Stadt Trier, zu akzeptieren.

Nachdem ab 1996 endgültig feststand, dass im Laufe des Jahres 1999 die französischen Streitkräfte in Trier ihre Standorte aufgeben würden, wurde die Arbeit im Rathaus intensiviert. Die „Konversion" war letztlich eine große Chance für die Stadt. Aber natürlich nur dann, wenn man es „richtig machte". Eine entscheidende Frage war zu beantworten: „Wie kann die Konversion helfen, wichtige

---

[8] *Fernsehansprache des französischen Staatspräsidenten Jacques Chirac zur Zukunft des nationalen Dienstes, Paris 28. Mai 1996, übermittelt von der Presse- und Informationsabteilung der Französischen Botschaft, Bonn.*

[9] *Frankfurter Allgemeine Zeitung vom 19. Juli 1996. „Dürre Worte besiegeln das Ende einer Ära".*

commandement
des forces françaises
stationnées en allemagne
et de la 1 division blindée

PLACE DE TRÈVES
BUREAU DE GARNISON

SP 69014
Tél. **3410**

Monsieur le Maire,

Après consultation entre les autorités politiques de nos deux pays, monsieur Charles MILLON, Ministre de la Défense, vient de décider les mesures de restructuration des forces armées françaises.

J'ai l'honneur de vous informer que les régiments et organismes militaires stationnés dans votre ville seront dissous en 1999.

„Militärisch" kurz: Abzug der Franzosen wird bekannt gegeben.

Ziele der Entwicklung unserer Stadt zu realisieren?" Entscheidend war auch, dass nicht jede einzelne Teilfläche der insgesamt über 500 Hektar bisher als militärisch genutztes Gebiet für sich betrachtet werden durfte. Es ging um eine große Chance für die Gesamtstadt. Kommunalpolitik war in der Stadt Trier in den 90er Jahren spannend. Stand die Gestaltung der Trierer Plätze zunächst im Mittelpunkt der stadttrierischen Diskussion, so kam jetzt auch noch die Konversion als weiteres Thema hinzu. Die Stadt Trier drehte in diesen Jahren ein großes Rad.

Die endgültige Verabschiedung der französischen Streitkräfte war in der Zeit vom 7. Mai bis 11. Mai 1999. Zunächst fand am 7. Mai 1999 die offizielle Feier im Rahmen einer Sitzung des Trierer Stadtrates im Großen Rathaussaal statt. Noch einmal wurde in den Reden vom Trierer Oberbürgermeister, vom französischen Generalkonsul Jean-Claude Schlumberger und vom letzten Standortältesten der Trierer Garnison, Oberst Jacques Defretin, die positive Wandlung des Verhältnisses zwischen den französischen Soldaten und den Triererinnen und Trierern herausgestellt. Die Stadt Trier hatte auch den ehemaligen Konsul Roger Chereau gebeten, seine Erinnerungen im Rahmen der Feierstunde vorzutragen. Chereau war Konsul in Trier von 1978 bis 1984. Nach seiner Pensionierung hatte er Trier als Wohnsitz beibehalten. Trier war ihm zur Heimat geworden. Eine Schülerin des bilingualen Zugs des Humboldt Gymnasiums, Célia Croizé-Pourcelet, und ein Schüler am Collège Ausone in Trier, Guillaume Oster, sprachen ebenfalls im Rahmen der Feier. „Durch die Schilderung ihrer persönlichen Erlebnisse als zweisprachig aufgewachsene Jugendliche erfüllten sie das allgemeine Loblied auf die deutsch-französische Partnerschaft mit Leben.“[10]

Célia Croizé-Pourcelet erinnerte an „die Atmosphäre der irgendwie gearteten Nähe zu Frankreich, die Trier so auszeichnet“, und die sie während ihrer Schulzeit deutlich gespürt habe. „Ich glaube, wie brauchen uns keine Sorgen zu machen, dass wir etwas verpasst haben; viele Dinge entwickeln sich im Kleinen, nicht spektakulär, sondern eher so nebenbei, gewissermaßen von selbst. Und vielleicht werden erst in ein, zwei Generationen die Folgen zu spüren sein. Und ich denke da an meinen Großvater, Capitaine de Cavalerie, der vor einem halben Jahrhundert nach Koblenz geschickt wurde. So gehören die ersten Erfahrungen meines Vaters Deutschland. Und er wiederholt immer wieder gerne, dass er es diesem Umstand verdankt, ein Vierteljahrhundert später eine deutsche Frau geheiratet zu haben. Mit dem Ergebnis, dass ich heute als echte Europäerin in einer europawürdigen Stadt vor Ihnen stehe.“[11]

Guilleaume Oster empfand es als Glück, „wenn auch nur im Kleinen, aktiv an der deutschen und französischen Geschichte mitzuwirken ... Ich habe das lebhafte Gefühl, dass sich heute Abend ein Blatt der Geschichte wendet. Es ist der Abschluss eines Kapitels, aber keines Buches. Zusammen mit meinen deutschen und französischen Kameraden haben wir das Glück, einen Platz am Ende des Kapitels zu finden, aber unsere Aufgabe ist es ebenso, diesen Platz am Anfang des nächsten Kapitels einzunehmen.[12]

Am 11. Mai 1999 verabschiedeten sich die französischen Soldaten mit einer Parade im Palastgarten. In einem Beitrag in der Rathaus-Zeitung hatte der Oberbürgermeister die Trierer aufgerufen, bei dieser Verabschiedung dabei zu sein. Und die Triererinnen und Trierer waren diesem Aufruf gefolgt So wurde die Parade zu einer eindrucksvollen Feier. Die in Deutschland stationierten Streitkräfte gaben aus dem Anlass der Verabschiedung den Tagesbefehl Nr. 5 heraus: „Vielen Dank an alle, die seit fünfzig Jahren daran gearbeitet haben, die Bande zwischen den deutschen Bürgern und den französischen Soldaten zu verstärken.“

[10] *Rathaus-Zeitung vom 11. Mai 1999.*

[11] *Rede Célia Croizé-Pourcelet aus Anlass der Verabschiedung der französischen Streitkräfte am 7. Mai 1999 im Großen Rathaussaal der Stadt Trier (Redemanuskript).*

[12] *Rede Guillaume Oster aus Anlass der Verabschiedung der französischen Streitkräfte am 7. Mai 1999 im Großen Rathaussaal der Stadt Trier (Redemanuskript).*

11. Mai 1999: Parade im Palastgarten

Bei den Abschiedsfeiern wurde Wehmut deutlich. Aber der optimistische Blick in die Zukunft verdrängte sehr schnell entstehenden Abschiedsschmerz. Der Blick zurück in die Geschichte der Stadt Trier ist kein Selbstzweck. Man sollte aus der Geschichte lernen. Erstmals seit Jahrhunderten erlebt die Stadt Trier einen dauerhaften Frieden. Aus Erbfeinden sind Freunde geworden. Die Stadt Trier erfährt dies auch durch die Partnerschaft mit der lothringischen Stadt Metz, die 1957 begründet wurde. 1999 haben die französischen Streitkräfte die Stadt als Freunde verlassen. Trier, die Region Trier war oft genug Schlachtfeld. Die heutige Generation hat die Möglichkeit, nach Jahrhunderten der Kriege Politik für die Stadt Trier in einer Zeit des Friedens zu gestalten.

04 // Mutti Krause: „Ich habe die Pommes frites in Trier populär gemacht!"

In dem Trierer Stadtmagazin „Sieh um Dich", das ab 1. Juli 1988 in den 80er und 90er Jahren in Trier herausgegeben wurde, stellte man Anfang des Jahres 1991 in einem Rätsel „Who is Who?" die Frage: „Wer ist Mutti Krause?" Die Flut der richtigen Antworten deutete an, dass diese Frage offensichtlich leicht gewesen war. Sie war sogar zu leicht.

Mutti Krause hatte in Trier Kultstatus. Sie hieß Leni. Das war aber nur wenigen bekannt. Für die Trierer war sie Mutti Krause, und sie war ein gutes Stück der Stadt Trier. Es ist ja oft so, dass im Wirbel der ereignisreichen Gegenwart die Vergangenheit rasch an Bedeutung verliert. Bei Mutti Krause ist das anders.

Am 29. Oktober 2016 veröffentlichte der Trierische Volksfreund ein Foto, das einen Blick vom Dach der Konstantin Basilika in Richtung Kornmarkt bis zur alten Hauptpost zeigte. Das Foto war 1959 gemacht worden. Sichtbar wurde: Die Trümmer des Krieges waren zwar schon weggeräumt. Erste Randbebauungen waren zu sehen. Aus einer Brandgasse entstand eine neue Straße: die Konstantinstraße. In der Trierer Tageszeitung wurde die Frage gestellt, welchen Straßenbereich in Trier das Bild zeige. Die meisten Antworten wiesen darauf hin, dass „auf dem Trümmergrundstück in der Mitte des Bildes die Frittenbude von Leni Krause gestanden"[1] habe. Danach war aber nicht gefragt worden. Dieses Ergebnis des Bildrätsels zeigt, wie sehr Mutti Krause bis in die jüngste Zeit hinein noch im Bewusstsein der Trierer ist.

Mutti Krause erzählte gerne aus der Vergangenheit, von ihren ersten Erfahrungen als stolze Betreiberin eines „Frittenstandes". Dieser stand an der Ecke von Brotstraße/Konstantinstraße, gegenüber der „Blauen Hand". In diesem Teil der Stadt wechselte sie mehrfach den Standort. Mit Ihrem ersten Verkaufswagen stand sie ebenfalls in diesem Bereich. „Wenn die jungen Leute von der Lehrerakademie zu meinem ‚Frittenstand' kamen, dann gab es auch mal ‚Fritten' umsonst. Von einer Portion Fritten geht man ja nicht pleite," erzählte sie oft in Gesprächen, wenn sie nach ihrer ersten Zeit als Geschäftsfrau später gefragt wurde. Wahrscheinlich liegt

[1] *Trierischer Volksfreund vom 5. Oktober 2016: „Mutti Krause ist unvergessen".*

hier der Schlüssel für ihre Popularität. „Helfen“ war für sie kein Fremdwort. Sie war freundlich und hatte für jeden ein gutes Wort. Das zeichnete sie nicht nur in ihrem Verhalten gegenüber den Studenten aus. So war sie auch später.

In der Krahnenstraße 29 wurde sie geboren. Sie war eine echte Triererin. Später arbeitete sie eine längere Zeit im „Krokodil“, der Trierer Traditionsgaststätte in der Metzelstraße. Mutti Krause erzählte später oft, wenn sie in ihrer Gaststätte angesprochen wurde: „Durch das ‚Krokodil‘ bin ich auf die Pommes Frites gekommen. Ich habe die Pommes Frites in Trier populär gemacht.“ Das war ab 1958, als sie im Bereich der Konstantinstraße ihren ersten Stand hatte. Dort wurde ihr Angebot zu einer in Trier festen, sehr populären Einrichtung. Viele Triererinnen und Trierer hatten in der Tat bei Mutti Krause ihre erste Begegnung mit Pommes Frites: „Hier sah ich und aß ich meine erste Portion Pommes. Das Schälchen kostete damals 50 Pfennig, für zehn Pfennig mehr gab es dann die gute Schaschliksoße dazu …“[2] Es war nicht verwunderlich, dass viele Trierer immer wieder eine enge

Der „Fritten-Stand“ von Mutti Krause in der Konstantinstraße

[2] *Trierischer Volksfreund vom 5. Oktober 2016: a.a.O.*

Verbundenheit zu „ihrer“ Mutti Krause zeigten. Voll Stolz präsentierte sie immer wieder einen ‚Werbespruch‘, der während ihrer Zeit in der Konstantinstraße von einem Kunden erfunden wurde und der fast sprichwörtliche Qualität hatte:

„Kartoffeln isst man stets zu Hause;
Pommes frites jedoch bei Mutti Krause.“

Mutti Krause in ihrer Gaststätte

1966 folgte der nächste Schritt in ihrer beruflichen Laufbahn: Mit ihrem Mann Otto übernahm sie die Gaststätte Weimer in der Hosenstraße; also in unmittelbarer Nähe zur Konstantinstraße, wo alles begonnen hatte. Dort feierte sie 1991 „25 Jahre Mutti Krause in der Hosenstraße“. Und es war wie immer: Die Gasstätte war gut besucht. Mutti Krause sprach von „Milliunen“. Die meisten aber kamen als Gratulanten und auch, um einmal „Danke“ zu sagen für ein Stück Heimat mitten in Trier. Und natürlich wurde auch Musik gemacht an diesem Abend. Nicht geplant, mehr spontan griff man zu den Instrumenten. So entstand an diesem Abend wieder eine urtrierische Gemütlichkeit in einer „trierischen Kneipe“. Man spürte an diesem Abend, dass ein „geflügeltes Wort“ einen wahren Hintergrund hatte: „Mein Zuhause ist bei Mutti Krause.“ Von außen gesehen schien die Gaststätte in der Hosenstraße eine „unscheinbare Mini-Kneipe“ zu sein. „Hier trafen sich Studenten, Stadtratsmitglieder, Bankangestellte und Leute aus den Geschäften in der Fußgängerzone.“[3] Häufiger Gast war auch Helmut Leiendecker, Urtrierer und Multitalent, der auch sehr oft für musikalische Unterhaltung sorgte. Oft improvisiert, dafür aber sehr stimmungsvoll und passend.

[3] *Trierischer Volksfreund vom 9. August 2006: „Abrissbagger bei Mutti Krause“.*

Und es war deshalb keine Überraschung, dass die Leiendecker Bloas Mutti Krause aus Anlass ihres 70. Geburtstages ein eigenes Lied widmete:

Leni Krause
Heut essen Daach zum Feiern,
heit Aowend es wat los.
Heit Aowend gieh moa allegaoren
En de Rüh de Hos.
Beim Leni esen Feierjoa,
dao loaden eich meich enn,
et Leni hat Gebortsdaach heut,
et es heut 70 gänn ...
Alles es vaosammelt hei,
wat Doorscht onn Naomen hat,
de Subkultur, Society
aus unsrao aalao Stadt ...
Örjend, örjend –
wie kann et aanem su passeeren?
Örjend. Örjend –
wu mergste dau bess net allaan.
Örjend, örjend –
wie kanns de dief emm ennere spieren?
Örjend, Örjend –
wie su e bissi wie daham ...[4]

[4] *Leiendecker Bloas CD – Gammer 1998: „Leni Krause".*

Und es war auch keine Überraschung, dass Mutti Krause auf besonderen Wunsch ihrer Gäste das Lied vom „Bruder Melchior" sang.

In der Gaststätte wussten alle, zumindest die vielen Stammgäste, dass Mutti Krause sehr fromm war. Der Weg in den Trierer Dom war für sie selbstverständlich, und dies erzählte sie auch immer wieder. Ihre Frömmigkeit wirkte sich auch auf ihren Speiseplan aus: Am Karfreitag stand Fleisch nicht auf der Speisekarte. Dann hieß es oft: „Lenchen, hast Du mit dem da oben einen Vertrag?" Ihr Verhältnis zu ihrem Herrgott konnten solche Fragen nicht stören. Mit ihrem Herrgott war sie im Reinen. Ebenso ungestört war ihre Liebe zu ihrer Stadt Trier: Sie schwärmte oft: „Haben wir nicht eine phantastische Stadt?" Das war mehr eine Feststellung als eine Frage.

Besonders beliebt waren auch immer ihre Anekdoten. Da war ihr Repertoire unendlich. Eine Zeitlang erzählte sie immer wieder, als sie erstmals eine Karnevalssitzung der KG Heuschreck besuchte. Traditionsgemäß werden dort zu Beginn der Sitzung wichtige Gäste begrüßt; in der Regel ist die Stadtspitze anwesend, auch hochrangige Politiker, für die Gesellschaft wichtige Personen. Und es war eine nette Idee: Auch Mutti Krause wurde vom Präsidenten aufgerufen. Der Beifall schwoll an, er wollte nicht enden. Und mitten im Saal stand Mutti Krause, Tränen in den Augen. Wieder einmal deutlich wurde ihre besondere Beziehung zu den Trierern; über viele Jahre gewachsen. Sie war ein wertvoller Mensch in der Stadt Trier. Und die Trierer liebten sie.

Es war deshalb ein trauriges Ereignis in Trier, als Mutti Krause krankheitsbedingt im März 1995 in der Hosenstraße 22 „den Zapfhahn zudrehte". Das Haus, in dem die Trierer „Kultkneipe" sich befand, wurde im August 2006 abgerissen. Mutti Krause war bereits am 8. November 1999 im Alter von 77 Jahren gestorben. In der Rathaus-Zeitung wurde in einem Artikel aus einem Brief des Oberbürgermeisters an die Familie zitiert: „Sie war ein Mensch, für den Mitmenschlichkeit, Hilfe für den anderen nicht nur daher gesagt war. Sie hat Nächstenliebe praktiziert ... Die menschliche Art Ihrer Mutter hat ihr sehr viele Freunde beschert. Es gibt viele Trierer, für die war es ein persönlicher Gewinn, Ihre Mutter gekannt zu haben."

In dem Zeitungsartikel vom Oktober 2016 im Trierischen Volksfreund heißt es: „Immer wieder Mutti Krause ... Offensichtlich sind sich viele Trierer einig, dass Mutti Krause Kultstatus genießt."[5] Warum war das so? In einer Repräsentativumfrage ist das Institut Allensbach im Jahre 2018 den Fragen nachgegangen „Was

[5] *Trierischer Volksfreund vom 5. Oktober 2016: a.a.O.*

ist Heimat? Was verbinden die Menschen damit, und wie wichtig ist ihnen Heimat?"[6] Eine Frage lautete: „Wodurch sehen sie Ihre Heimat in Gefahr? (in Prozent)". Bei den Antworten stand an erster Stelle die Aussage, „dass viele alteingesessene Geschäfte schließen und dafür die immer gleichen Filialen großer Einkaufsketten aufmachen. 78 Prozent derer, die die Heimat in Gefahr sahen, nannten diesen Punkt." Man könnte neben alteingesessenen Geschäften auch die alten Gaststätten nennen. Bei Mutti Krause in der Hosenstraße 22 erlebte man Heimat. Trier war für viele Heimat. Bei Mutti Krause wurde dieses Gefühl durch die Verbundenheit zu einem Ort vertieft. Sehr unterschiedliche Personen fühlten sich bei Mutti Krause wohl in einer vertrauten Gemeinschaft. Die „Kultkneipe" von Mutti Krause hatte eine emotionale Wirkung, die Geborgenheit vermittelte. So dass auch Menschen, die sich zum Teil nicht persönlich kannten, ein Gefühl der Zusammengehörigkeit entwickelten. Und immer wieder belebt wurde dieses Gefühl durch die Wirtin, welche die Pommes frites in Trier populär gemacht hat.

[6] *Frankfurter Allgemeine Zeitung vom 25. April 2018: „Deutsche Fragen – Deutsche Antworten: Heimat und Heimatministerium".*

Mutti Krause 1996 auf dem Trierer Wochenmarkt

„Koorscht on Kneisjen“

05 // „Mundart ist hörbare Heimat“

Die Renaissance des Dialekts

„Heimat“? Damit hatten die Deutschen vor allem nach dem Zweiten Weltkrieg ein Problem. Eine stark politisierende Heimatkritik war vorherrschend. Der Grund war verständlich: „Heimat“ war vor allem durch die Nationalsozialisten ideologisch vorbelastet. Mit „Heimat“ wurde eine stark rückwärtsgewandte Sehnsucht gleichgesetzt. Manche öffentliche Diskussion belegt, dass diese Distanz zu diesem Begriff teilweise immer noch vorhanden ist. „Manche meinen, schon der Begriff sei rechtspopulistisch. Wer die Menschen fragt, kommt zu einem anderen Ergebnis.“[1] Eine Umfrage der Frankfurter Allgemeinen Zeitung zeigte, die meisten Deutschen verbinden heute Positives mit dem Wort „Heimat“. Es ist in den Vorstellungen der Menschen ein sehr vielfältiger Begriff: Es ist ein Erfahrungsraum, ein Lebensraum. Hier erfährt man mitmenschliche Begegnung; zunächst in der Familie, dann in der Nachbarschaft, der Schule, im Verein, in der kirchlichen Gemeinschaft, in der Gemeinde. Hinzu kommt das Kommunikationsmittel der Sprache. Sie ist nicht das einzige, aber auch ein Merkmal von Heimat.

In der Diskussion wird inzwischen von einer Renaissance der Heimat gesprochen. Warum? Heimat ist ein deutscher Schlüsselbegriff, der immer dann an Bedeutung gewinnt, wenn gesellschaftliche Umbrüche Konjunktur haben.[2] Heute sind es beispielweise die Globalisierung, die Digitalisierung, die Migration, die stimmungsbildend sind. Der Mensch fühlt sich wurzellos. Umso mehr sucht er die Gemeinschaft. Er hat ein Bedürfnis zur Nähe. Er sucht mehr und mehr überschaubare Einheiten.

»Wie kann man verstehen, wer man ist, wenn man nicht weiß, woher man kommt?«

Diese Entwicklung stellt man auf verschiedenen Ebenen fest. Ein Beispiel ist der Prozess der europäischen Einigung. Er gerät mehr und mehr in die Kritik. Manchem erscheint diese kritische Haltung unverständlich.

---

[1] *Frankfurter Allgemeine Zeitung vom 21. April 2018: Umfrage „Deutsche Fragen – Deutsche Antworten“.*

[2] *Vgl. dazu: Scharnowski, Susanne, „Heimat – ein politischer Kampfbegriff?“. In: wbg-Magazin, März 2019, S. 8.*

Vor allem in lokalen Räumen, die durch ein „Europa ohne Grenzen" eine großartige Entwicklung genommen haben. Die Stadt Trier, die Region Trier könnten hier als Beispiel dienen. Die Diskussion zeigt aber, dass sich durch den Vorgang der europäischen Einigung die nationalen Räume zunehmend von den Menschen entfernen. Es fehlen die nationalen Erlebnisräume. Kompetenzen werden mehr und mehr übertragen: Das zusammenwachsende Europa wird zunehmend durch funktionale Mechanismen bestimmt: Weltmarkt, Finanzen, internationale Arbeitsteilung. Dem gegenüber ist es zu wenig gelungen, eine europäische Identität zu schaffen. Die Bürgerinnen und Bürger in Europa suchen nach „identitätsstiftenden Mustern".[3] Ein solches Identitätsangebot ist die Heimat.

Wer Heimat hat, der weiß, wo er hingehört. Heimat ist ein Lebensraum. In dieser Landschaft erlebt der Mensch die mitmenschliche Begegnung. Verbindend ist in dieser Gemeinschaft auch die Sprache, die Mundart. Wer Mundart spricht, wird in der Heimat verstanden. Sie fördert das Zusammengehörigkeitsgefühl. Die Renaissance der Mundart ist deshalb nicht verwunderlich. Sie ist eine Folge der Wiederentdeckung der Heimat.

Die Trierer Mundart stand am 1. Dezember 2002 in Trier im Mittelpunkt einer Veranstaltung. Werner Becker, bekannter und beliebter Trierer Mundartdichter, feierte seinen 80. Geburtstag. „Großer Bahnhof für Werner Becker" schrieb die Trierer Presse über diese Geburtstagsfeier: „In einer vergnüglichen Matinee gratulierten der Verein Trierisch und die KG Heuschreck ihrem Mundart-Grandseigneur zum 80. Geburtstag. ‚Moddersproach' war Trumpf: Mundartinterpreten trugen trierische Lyrik vor, überwiegend aus Werner Beckers Feder."[4] Natürlich durfte an diesem Morgen Werner Beckers Gedicht „Moddersproach" nicht fehlen:

Noch äringst Trierer Platt ze schwätzen,
frösch von der Lewer, frank o frei,
gölt heitzedaag, su ka' mer schätzen,
maast nömmih als der letzde Schrei.[5]

[3] *Vgl. dazu: Di Fabio, Udo: „Die Verwandlung der westlichen Demokratien". In: Frankfurter Allgemeine Zeitung vom 22. Juli 2019.*

[4] *Trierischer Volksfreund vom 3. Dezember 2002.*

[5] *Becker, Werner, „Moddersproach". In: Becker, Werner: Wu mer derhaam sein. Trier 1978, S. 8.*

Werner Becker

Viele Triererinnen und Trierer waren an diesem Sonntagmorgen der Einladung zur Geburtstagfeier gefolgt, um Werner Becker zu gratulieren; aber auch, um ihm „Danke“ zu sagen. Auch die Stadt Trier gratulierte. Immerhin war Werner Becker, Träger des Ehrenbriefes der Stadt. Das Land Rheinland-Pfalz hatte ihn mit der Ehrennadel des Landes ausgezeichnet.[6]

Das Gedicht „Moddersproach“ stammte aus dem Jahre 1978. Damals, so heißt es in dem Gedicht, war Trierer Platt, also Mundart zu schwätzen, nicht mehr der „letzte Schrei“. Das hatte sich bis zum Jahre 2002, als man Werner Beckers Geburtstag feierte, offensichtlich geändert. Allein der Zuspruch zur Feier war ein Beweis. Inzwischen war Mundart „in“. Das galt in Trier natürlich erst recht für das Trierische (Trierer Platt), eine besondere sprachliche Färbung des Moselfränkischen. Es wurde deutlich: Die Trierer lieben „ihre“ Sprache. Theaterstücke in Mundart sind inzwischen Selbstläufer. „Mundart-Rock“ ist ein selbstverständlicher Bestandteil der Karnevalsveranstaltungen geworden. Und die „Hits“ in Mundart werden nicht nur Karneval gesungen. Es verwundert deshalb nicht, dass die Bücher von Werner Becker Bestseller in der Trierer Mundartliteratur wurden:

[6] *Eine wichtige Erinnerung an Werner Becker wurde im Oktober 2009 Wirklichkeit: Im neuen Wohngebiet auf dem Petrisberg wurde eine Straße nach ihm benannt.*

„Wu mer derhaam sein“ (1978)
„Wat ohns lief o wert öß“ (1984)
„Wie aanem de Schnaowel wächst“ (1989)
„Su lang et aanem Spaaß micht“ (2006)

Mundartlektüre von Werner Becker

Die Mundart war wiederentdeckt worden.[7] Jahrzehntelang galt der Dialekt eher als Hemmschuh für die Schulbildung. Aber, der wechselnde Gebrauch der Hochsprache und Mundart ist weder kulturell noch intellektuell schädlich. Mundart hat sich inzwischen durchgesetzt „Der Dialekt entsteht durch Praxis von unten, nicht durch Befehl von oben, Volkssprache wie Volksweisheiten kommen aus dem Wesen, den Gefühlen, den Moden und den Vorstellungen der Gemeinschaft … Jedenfalls fördert der Dialekt den Allgemeinsinn, das Bewusstsein der Zusammengehörigkeit und die Bindung an die Heimat.“[8]

Wer Mundart spricht, wird – in der Heimat – eher verstanden. Bei Werner Becker muss man sagen, er bemüht sich, in seinen Gedichten verstanden zu werden. Das gelingt ihm vor allem dadurch, dass er sehr oft die Hochsprache trierisch

[7] *Große Verdienste um die trierische Mundart haben Horst Schmitt und Josef Marx. Ihre Bücher „Trierer Mundart-Lexikon“ (2011) und „Milljunen Leit – mindestens drei“ (2015) sind eine Huldigung an die Trierer Mundart als einem hohen Kulturgut. 2018 wurde von Horst Schmitt das Buch „Platt ist nicht Platt – Eine Hommage an meine Trierische Muttersprache“ herausgegeben. Dieses Buch ist der erfolgreiche Versuch, dem „Patienten Mundart“, der „auf der Intensivstation“ liegt, ein „wenig auf die Beine zu helfen“.*

[8] *Rommel, Manfred: „Dialekt – Ausdruck des Selbstbewusstseins“. In: Das Land und die Welt – Streifzüge durch Politik, Wirtschaft und Kultur. Stuttgart, Leipzig 2003, S. 57f.*

„einfärbt“. In Mundart-Expertenkreisen ist die Meinung dazu gespalten. Es wurde und wird oft darüber gestritten. Anlässlich einer Buchvorstellung des Trierer Mundartdichters Addi Merten dichtet 1979 dazu Werner Becker:

Aus Trierer Wöörder Spröch ze maachen,
nöt nur aus Jux o fer ze laachen,
haon eich mich och schon oft bemieht.
Wen zwöschen ons Vergleiche zieht,
dä ka' beim Lesen o beim Heeren
zom Schluss als Fazit konstadeeren:
Zwai Plänzjer bliehn öm selwe Goarten,
o jedet haot sein Aijenaorten.
Se wachsen ön d'r gleicher Loft
möt hihrem ganz speziellen Doft.[9]

Natürlich galt das Interesse der Besucherinnen und Besucher der Geburtstagsfeier im Jahre 2002 vor allem auch der Mundart. Das Interesse galt aber besonders dem gesprochenen Wort. Mundart zu lesen, ist häufig schwierig. Werner Becker beim Mundartvortrag zu hören, war ein Erlebnis. Ein Grund war seine Liebe zu seiner Heimatstadt Trier. Sie führt zu einer hohen Identifikation mit seinen Zuhörern. Wer findet sich, wenn er Trier kennt, nicht in seinen Gedichten wieder? Er spricht den Trierern aus der Seele. Etwa, wenn er in seinem einem Gedicht fragt: „Wat wölls'de annerswu?“

'n Trierer de verreise gieht,
schon hönner Ruwer röckwärts sieht
o bei der Schwaacher Audobaohn
fängt garandeert sein Haamwieh aon.

Mir sönn nunmaol en aije Bloas
On haon als Röchtschnur, Norm o Maoß
de Porta Nigra nor öm Sönn –
dat sticht ons önnerwennig drön ...

[9] *Becker, Werner anlässlich der Vorstellung des Buches von Addi Merten „Arme klaane Fösch“, am 8. April 1979.*

1989: Werner Becker liest im Simeonstift

Oder dann, wenn er „unseren" Petrus und „unseren" Georg, die beiden Trierer Brunnenheiligen, miteinander reden lässt.

Die Trierer Leserinnen und Leser finden sich auch wieder, wenn sie in seinen Gedichten, mit großer Beobachtungsgabe dargestellt, die Unvollkommenheit der Welt erkennen. Da ist nicht der erhobene Zeigefinger; da wird nicht distanziert dargestellt. Er beschreibt nicht mürrisch, nicht kalt. Man merkt, Werner Becker liebt seine Stadt auch deshalb, weil er von der Überzeugung beseelt ist, dass die kleinen Fehler, auch das Unvollkommene, letztlich irgendwie „in Ordnung" sind.

Werner Becker war ein humorvoller Mensch. Humor war bei ihm nicht irgendeine Nebensache, eine hübsche Verzierung am Rande. Ohne Humor konnte er nicht auskommen. Und er konnte diesen Humor auch vermitteln. Da gibt es in jedem seiner Gedichtbände zahlreiche Beispiele. Etwa, wenn es heißt: „Experden onner seich". In einem Expertengespräch diskutieren die städtischen Tiefbauarbeiter mit dem „Mumiengrieweler" von der Archäologie, der die Arbeiten kritisch begleitet:

... Su wuhlt o raggert Stonn' om Stonn'
möt Schöbb on Hack die ganz Kolonn'.
Se sö' scho' baal zwai Meder dief
't öß kaa' Vergniejen bei dem Mief –
o von d'r Straoß – aom Graowe – Rand –

kuggt stur o steif on unverwandt
su'en aalen Erbsenzehler zu.
Dat Leidsgeheier gött kaan Ruh:
Hä' wär de Römer off d'r Spur
O kommandeert ön aaner Tour:
Halt – aufgepasst, da klingt es hohl –
Hier zeigt sich was Antikes wohl?
Von onnen rieft de Wuhlmann's Steff:
Bei aller Freundschaft – heert maol, Chef –
mir gewe ganz allmählich bies –
drom seid su gut, gieht aus de Fieß …[10]

Es ist eine große Begabung, andere Menschen durch mundartliche Kunst zum Lachen zu bringen. Werner Becker gelang dies. Dabei sind es oft die genau dargestellten Kleinigkeiten, die Eigenarten der Personen, die das Lachen hervorrufen. So werden dann die Gedichte und Texte auch lehrreich. Besonders wurde diese Eigenart von Werner Becker, wenn er jedes Jahr mit seinem Freund Hans Kuhn als „Koorscht on Kneisjen" in den Sitzungen der Karnevalsgesellschaft Heuschreck auftrat. „Denn nach der Auferstehung aus den Trümmern des II. Weltkrieges haben sich vor allem zwei Originale des ‚Heuschreck' in die Herzen der Trierer gespielt und sind zum Markenzeichen der Gesellschaft geworden: Koorscht und Kneisjen."[11] Für den Trierer ist „Koorscht" die Brotkruste und „Kneisjen" die Kruste am Brotende. Die Trierer Mundartdichterin Cläre Prem (1899–1988) hatte diese beiden „Kunstfiguren" erfunden. Cläre Prem erklärte in der Presse, wie

„Fensterplatz" am Hauptmarkt: Cläre-Prem-Plakette (1991)

[10] Becker, Werner: „Experden onner seich". In: Becker, Werner: „Wie aanmen de Schnaowel wächst", Trier 1989, S. 38.
[11] Albrecht, Jutta und Thomas: „Phänomen Heuschreck 150 Jahre trierisch, närrisch kritisch". Trier 1998, S. 151.

die beiden Trierer Gestalten, die zu Trierer Originalen wurden, entstanden sind: „Es war im ersten Weltkrieg. In Trier war im Theater gar nichts mehr los, und wir jungen Leute waren theaterbesessen ... Damals war es denn auch, dass wir alle über den Hohenbilds Jäb lachen mussten. Der Jakob war ein so dürrer Langer, dessen riesig großer Mantel bis auf die Füße ging. Dementsprechend groß waren da auch die Manteltaschen. Und just in diesen Taschen sammelte er alles Essbare, vor allem den Aufschnitt vom Brot. Seine Großeltern gaben ihm immer die Kruste, und so hatte er von uns schnell den Spitznamen ‚Koorscht'. Mich nannten sie das ‚Kneisjen', weil ich so klein war und besser die Krumen essen konnte und das kleine ‚Kneisjen' am Brot."[12] Das Zwiegespräch der beiden erschien erstmals am 27./28. April 1946 in der Trierischen Volkszeitung (später Trierischer Volksfreund). „Damals sicher für viele Trierer ein Lichtblick in der düsteren Jahreszeit. Bis 1964 brachte Cläre Prem mit ihren beiden Kunstfiguren die Leserinnen und Leser des Trierischen Volksfreund zum Schmunzeln, Lachen, aber auch zum Nachdenken."[13] Wöchentlich erschien das Zwiegespräch. „Und damit machte sie regelmäßig ‚Milliunen Trierer fruh'".[14]

Werner Becker und Hans Kuhn hatten ihre Premiere als „Koorscht on Kneisjen" in der Heuschreckbütt im Jahre 1959, damals noch im ehemaligen Treveris-Saalbau. Seit diesem Zeitpunkt war dieser Programmpunkt bis 1992 der Höhepunkt des heuschrecklichen Karnevals. Es war eine besondere Ehre, von „Koorscht on Kneisjen" in der Büttenrede genannt zu werden. Wurde man nicht erwähnt, dann musste man sich über sein gesellschaftliches Standing Sorgen machen:

Koorscht: Beguck der den Dezernent Schröer. Kneisje, eich han dr ömmer gesaot: Dä klaane Wuschelkopp öß entwicklungsbedürftig. – Waaß de och, wat hän ön seinen Grundsatzverkehrungen off der Mosellandausstellung erklärt hat?
Kneisjen: Neist.
Koorscht: Awer wie en dat formuliert hat![15]

[12] Trierischer Volksfreund vom 7. Februar 1986: „Wie das mit ‚Koorscht on Kneisjen' anfing".
[13] Herbert-Michael Kopp: „Vorwort der Sammlung Koorscht on Kneisjen", die am 21. November 1999 im Rahmen der Vorstellung des Neuen Trierischen Jahrbuches 1999 an die Stadtbibliothek Trier, die Städtische Bücherei und an Frau Luzi van Stipelen, geb. Prem, übereicht wurde.
[14] Morgen, Roland: „Milliunen Trierer fruh gemaach". In: Neues Trierisches Jahrbuch 1999, S. 36.
[15] Büttenrede von Koorscht on Kneisjen in der Sitzung der KG Heuschreck im Jahre 1982; veröffentlicht im Trierischen Volksfreund vom 18. Februar 1982.

Werner Becker und Hans Kuhn als „Koorscht on Kneisjen" in der Heuschreckbütt

Wer die kleinen Gedichtbände von Werner Becker durchblättert, findet deutliche Hinweise auf eine weitere Eigenart des Trierer Mundartdichters: „Vo' frommen Hären on arme Sünder" oder „Glaubensfragen", heißt es dort. Werner Becker war ein gläubiger Mensch. Handschriftlich hatte er in einem Buch die Überschrift ergänzt: „Christ sein, heißt fröhlich sein". Einmal mehr zeigt sich, Humor ist für ihn nicht eine gelegentliche Stimmung. Heimat und Religiosität verbindet er mundartlich mit Humor und Tiefgründigkeit. Bei Werner Becker ist Humor eine Lebenshaltung. Und deshalb ist es kein Stilbruch, wenn in seinen „heiter

besinnlichen Mundartversen über Trierer Art und Gemüt" auch Glaubensfragen angesprochen werden:

Et leit ö' Goddes Hand
Wenn aane maol om Kirchhof länd't
O jede sät, de wu'e kennt:
De loa, den dut m'r äringst laad,
de woar öm Lewen – weit o braat –
ö' seiner Wesensoart geschätzt –
wat han eich gär möt him geschwätzt ...
... Doch wichdijer als all ons lowen
zehlt et fer hän – öm Himmel owen –
pardu on ohne Schlang' ze stiehn
en ao'gewärmde Plaatz ze krien.
Dat öß nöt bluß daoher gereed –
naan, dat öß Hoffnung öm Gebet
on troggend ons verkröschen Aawen,
we' mir nor fest aon Usdern glaawen.[16]

Der ehemaliger Stuttgarter Oberbürgermeister Manfred Rommel, bekannt wegen seines hintergründigen, freundlichen Humors, den er auch in zahlreichen Büchern präsentierte, lobt in seinem Buch „Das Land und die Welt – Streifzüge durch Politik, Wirtschaft und Kultur" den Slogan, mit dem das Land Baden-Württemberg für sich wirbt: „Wir können alles außer Hochdeutsch. Das wirkt separatistisch, ist aber nicht so gemeint, sondern Ausdruck des Selbstwertgefühls des deutschen Südwestens."[17] Mundart als Ausdruck des Selbstbewusstseins! Man befindet sich nicht auf der Flucht in die Idylle. Sie war mal gering geachtet, war „maast nömmih als de letzde Schrei". Das hat sich, auch in Trier, entscheidend geändert. Mundart wird heute sogar in der Werbung eingesetzt. Offensichtlich ist sie etwas Verbindendes, eine Bereicherung. Sie ist „hörbare Heimat".

Oft erlebt hat man dies bei den Mundartveranstaltungen des Trierer „Mundart-Grandseigneurs" Werner Becker. Das waren immer Stunden der Heimatbesinnung. „Man kann unsere gesellschaftliche Wirklichkeit verschieden

[16] Becker, Werner: „Et leit ö' Goddes Hand". In: Becker, Werner: „Wie aanem de Schnaowel wächst". A.a.O., S. 99.
[17] Rommel Manfred: „Dialekt – Ausdruck des Selbstbewusstseins". In: Das Land und die Welt – Streifzüge durch Politik, Wirtschaft und Kultur. A.a.O., S. 57.

beschreiben: philosophisch, religiös, kritisch und zustimmend, im Detail und im Ganzen und schließlich: hochdeutsch oder mundartlich."[18] Für Werner Becker war der Stellenwert der Trierer Mundart klar:

Wat wär wohl schiener aonzeheeren
als Moddersproach voll Poesie?
Wenn die ons Könner maol verleeren,
dut dat ons dief öm Herze wieh.
Bedenkt, mer käm naom Enn vom Lewen
zom Petrus roff ob sein Etag'
o' könnt kaan trierisch Antwoort gewen,
Majusebedder, die Blamag'![19]

[18] *Trierischer Volksfreund vom 17./18. November 1984: „Kennt die Menschen und ihre Lage".*
[19] *Becker, Werner: „Moddersproach". In: Becker, Werner: Wu mer derhaam sein". A.a.O., S. 8.*

1986

998

06 // Rathauskarneval in Trier

Übergabe des Rathausschlüssels einmal anders

Rathauskarneval? Man weiß, was Sitzungskarneval, was Straßenkarneval ist. Aber Rathauskarneval? Es gibt Zeitgenossen, die sagen, Karneval wäre im Trierer Rathaus die tägliche Praxis. Das ist eines der beliebten Vorurteile und stimmt sicher nicht. Wer in Trier lebt, wer in Trier arbeitet, kommt in der Regel nicht um die fünfte Jahreszeit herum. Und das gilt auch für das Trierer Rathaus, für die dort arbeitenden Menschen.

Allerdings nicht für alle. Karneval zu feiern, sich zu kostümieren – das ist von Person zu Person unterschiedlich. Nun ist dies für Menschen, die „zum Lachen in den Keller gehen", kein Problem. Dann geht man nicht zu den Karnevalsveranstaltungen, die auch in Trier in der närrischen Zeit angeboten werden. Die Welt des Karnevals ist in Trier sehr vielgestaltig. Nicht zu vergleichen mit den Karnevalshochburgen Köln und Mainz. Aber immerhin. Man hat schon die Auswahl und kann sich die Gesellschaft, den Karnevalsverein aussuchen, der seinen Vorstellungen, Neigungen am besten gefällt. In Köln sagt man dazu: „Jede Jeck es anders!"

Man geht also zu den Narren, zu den Sitzungen. Im Trierer Karneval bilden die Karnevalssitzungen den Kern des organisierten Karnevalsangebotes. Die Arbeit der Gesellschaften ist weitestgehend ehrenamtlich. Karnevalisten, die Vorstände der Gesellschaften, aber auch die Aktiven sind Idealisten. Jede Sitzung, jedes Programm bedeutet harte Arbeit; für die Aktiven, aber auch hinter der Bühne sind zahlreiche Helferinnen und Helfer nötig. Die Vorbereitungen laufen das ganze Jahr über. Da wird diskutiert, getestet, geprobt.

Die Karnevalssession wird auch in Trier am „Elften im Elften" eröffnet. Für die echten Karnevalisten ist die Teilnahme an dieser Veranstaltung in der Trierer Innenstadt Pflicht. Es geht dann Anfang Januar weiter. Seit einigen Jahren wird im Rahmen einer Gala der Arbeitsgemeinschaft Trierer Karneval (ATK) der Kaiser-Augustus-Orden verliehen[1] und das Trierer Prinzenpaar proklamiert. Dann beginnt die Zeit der Sitzungen. Und der Karneval strebt unaufhaltsam dem

[1] *Die ATK-Gala fand erstmals 1994 statt. Erster Ordensträger war Hans-Jochem (Jochen) Pützenbacher (Rundfunk- und Fernsehmoderator)*

Höhepunkt entgegen: Weiberfastnacht und Rosenmontag. Dann ist auch in Trier ein Hauch von Straßenkarneval spürbar. In dieser heißen Phase des Karnevals kommt die Zeit des Rathauskarnevals. Das Prinzenpaar[2] übernimmt in der Stadt die Regentschaft. In den 70er Jahren geschah dies zunächst im Trierer Rathaus. Im Rahmen eines Empfangs „übergab" der Oberbürgermeister den Stadtschlüssel an das Prinzenpaar. Das änderte sich später. Auf dem Trierer Hauptmarkt erhielt nun das Prinzenpaar Weiberfastnacht den Stadtschlüssel vom Oberbürgermeister. Prinz und Prinzessin verkünden seit dieser Zeit anschließend die für die Karnevalstage wichtigen elf Paragrafen des neuen Gesetzes. Ein weiterer Schritt folgte früher im Rathaus, wenn das Prinzenpaar, in der Regel am Karnevalssamstag, zur Inspektion einlud. Den Rahmen bildete eine „Närrische Ratssitzung". Das war die Sternstunde des Rathauskarnevals.

Allerdings war die Entwicklung zu dieser närrischen Stadtratssitzung nicht so selbstverständlich. Oft nimmt sich die Politik sehr ernst. Darüber hat sie manchmal den Humor verloren. Dabei kann Humor das Leben leichter machen. Oft schafft derjenige, der lacht oder zum Lachen ermutigt, Distanz zu Problemen, über die der Mensch gerne nachdenkt, grübelt. Dabei ist es gleichgültig, ob sie hinter ihm oder vor ihm liegen. Die Übergabe des Stadtschlüssels an das Prinzenpaar war auch in Trier zunächst eine „sehr ernste" Angelegenheit.

Anfang der 70er Jahre wurde das Stadtprinzenpaar im Rathaus empfangen; begleitet von den Vertretern der Trierer Karnevalsgesellschaften. Alle natürlich in festlichen Anzügen, dekoriert mit zahlreichen Orden und natürlich der entsprechenden Karnevalsmütze. Eine „Karnevalskappe" gehörte immer schon zur Pflichtkleidung. Konnte man doch daran erkennen, zu welchem Karnevalsverein der Träger der Kappe gehörte. Schon im ältesten Trierer Karnevalslied hieß es 1848:

Wer klaget noch, dass Freiheit, Gleichheit fehle?
Er komm' und schaue unser Narren Reich,
Wo frei sich hebt der Flügelschlag der Seele,
Wo gleiche Kappe alle machet gleich,

[2] *In Trier regiert in der Karnevalszeit ein Prinzenpaar. Eine Ausnahme bildet die KG Heuschreck 1848 e.V. Sie stellt „nur" einen Prinzen. Der Heuschreck ist ein „Kind der Revolution", und der erste Karnevalsprinz in Trier war Andreas Tont, ein radikaler Demokrat, der sich, um einer Verhaftung zu entgehen, durch eine Flucht nach Paris rettete. Ein Prinzenpaar gab es zur damaligen Zeit nicht. Daran erinnert Triers älteste Karnevalsgesellschaft.*

Bei Gläserklang und frohem Sang
Regiert die Herzen all'
Mit Zaubermacht Prinz Carneval.[3]

Die Karnevalskappe war also schon immer ein Symbol der Gleichheit. Beim Empfang im Trierer Rathaus im Jahre 1978 wurde dies deutlich: Karneval und Politik vereint unter einer Narrenkappe. Aber es verlief doch vieles so, wie es immer im Rathaus ablief: „Nachdem Ernst Hoffmann,[4] wie es im Rathaussaal so üblich ist, auf die Reden der Fraktionssprecher Erwiderungen gegeben hatte, war der große Augenblick endlich gekommen. Begleitet von der Stadtgarde, die den Dienstherrn gewechselt hatte – nicht ohne dem OB zuvor noch einen Orden zu überreichen –, der Prinzengemahlin und den Gardedamen schritt Kurt I. zur Machtübernahme und hängte dem ‚Bürger Wagner' zum Trost den ersten Prinzenorden um. Jubel im Rathaus, Helau-Rufe und fröhliche Karnevalsklänge, herbeigezaubert von der Scholz-Combo."[5]

Oberbürgermeister der Stadt Trier war im Jahre 1978 Dr. Carl-Ludwig Wagner. Schon unmittelbar nach dem Empfang in Trierer Rathaus sprachen wir im Stadtvorstand über diese Veranstaltung des „überschäumenden Frohsinns". Das musste überdacht werden. Dabei wurde in dieser Diskussion deutlich, dass nicht jeder eine karnevalistische Aktivität des Rathauses als sinnvoll ansah. Da wurde die spätere närrische Teilnahme zur Dienstpflicht.

Bereits 1979 gab es eine entscheidende Änderung: Im Großen Rathaussaal empfing der Stadtvorstand das Trierer Prinzenpaar mit Anhang als barocke Fürsten mit Allonge-Perücken. Das Stadttheater hatte bei dieser Kostümierung wertvolle Hilfe geleistet. Die Überraschung bei den eingeladenen Karnevalisten war groß. Und es fand – sehr schnell erkennbar – eine deutliche Unterscheidung der Teilnehmer des Empfangs statt: Auf der einen Seite die Karnevalisten; ihnen standen die Narren, in diesem Fall der Stadtvorstand, gegenüber. Mancher meinte an diesem Morgen, die Mitglieder des Stadtvorstandes spielten ihre närrische Rolle wie auch sonst das ganze Jahr über.

---

[3] *Zenz, Emil: „Die letzten 111 Jahre der Karnevalsgesellschaft ‚Heuschreck' Trier 1848 e.V.", Trier 1982, S. 11.*
Vgl. auch: Albrecht, Jutta/Albrecht, Thomas: „Phänomen „Heuschreck": 150 Jahre trierisch, närrisch kritisch", Trier 1998.
Vgl. auch: Zenz, Emil: „Andreas Tont – Karnevalist und Revolutionär", Trier 1979.

[4] *Ernst Hoffmann, viele Jahre im „Heuschreck" aber auch in zahlreichen anderen karnevalistischen Gremien tätig, war 1978 Vorsitzender der Arbeitsgemeinschaft Trierer Karneval und auch im Präsidium des Bundes Deutscher Karneval.*

[5] *Trierischer Volksfreund vom 6. Februar 1978: „Prinz kennt den Stoff, aus dem die Träume sind ..."*

Allerdings hatte mit dieser Veranstaltung der Stadtvorstand hohe Erwartungen erzeugt. Und diese mussten nun erfüllt werden. Bis zum Jahre 2007 fand dann jährlich eine „Närrische Ratssitzung“ statt. Sie entwickelte sich später zur „Rathausinspektion“, zu der das jeweilige Prinzenpaar und der Oberbürgermeister einluden. Diese Veranstaltung wurde mehr und mehr zur Tradition. Viele Teilnehmer bezeichneten sie als ein karnevalistisches Highlight. Einige Beispiele belegen dieses Urteil.

1980 war Dr. Carl-Ludwig Wagner inzwischen als Minister in Mainz. Bürgermeister Paul Kreutzer übernahm das Kommando. Es wurde für den Ablauf einer närrischen Ratssitzung ein Regiebuch erstellt. Das Motto lautete: „Illustre Gäste aus fernen Ländern.“ Auch die Vorsitzenden der Fraktionen im Trierer Stadtrat hatten eine Rolle übernommen. Am Freitag vor dem Auftritt gab es, wie immer in den folgenden Jahren, eine kurze Stellprobe im Rathaussaal, und im Theater war man beschäftigt, Kostüme zu finden und die „Künstler“ vor der Veranstaltung zu schminken. Auch das Prinzenpaar wurde in die Handlung eingebunden. Denn das Schauspiel endete damit, dass am Ende der Inspektion das Prinzenpaar eine leere Kasse erhielt. Ehe es aber soweit war, „zog der „Stadtvorstand“ eine Schau ab, die in wohlgezielten Pointen und hintergründiger Ironie ohne falschen Zungenschlag wohl als etwas ‚Einmaliges‘ gepriesen werden sollte.“[6]

Die Ansprüche stiegen; die Nachfrage nach Eintrittskarten für den Rathauskarneval ebenfalls. 1981 begann die Zeit von Oberbürgermeister Felix Zimmermann. Die römischen Senatoren (Stadtvorstand) diskutierten über den „Flächen-Verschwendungsplan“, bis sie von den närrischen Heerscharen mit dem Prinzenpaar an der Spitze abgelöst wurden. 1982 bot wieder ein Regiebuch die Vorlage. In diesem Jahr ging es um die „zentrale Frage“, was der „ehrenwerte“ Rat sich habe einfallen lassen, um 1784, also zur 1800-Jahr-Feier der Stadt Trier, den Platz vor dem kurfürstlichen Palais zu gestalten. Vorschläge wurden vorgetragen und beraten. „Und während beraten wurde, wie man der Willkür landesherrlicher Bürokratie trotzen könne, mimte Helmut Schröer einen ‚Mumiengrieweler aus Kölle‘, dessen Ein- und Ausfälle … wegen seiner Ausgrabung mit der Inschrift, ‚datis nepis potus colonia‘ die Heiterkeit ins Tolle wachsen ließ.“[7]

1983 hatte man im Rathauskarneval schon so viel Erfahrung, dass man sich entschloss, eine eigene Karnevalsgesellschaft zu gründen: die KG Augustinerhof.

[6] *Trierischer Volksfreund vom 18. Februar 1980: „Eine ‚Ratssitzung‘ wurde zum ‚Kabinettstückchen‘“.*

[7] *Trierischer Volksfreund vom 22. Februar 1982: „Karneval in Schlagzeilen – Übergabe der Regierungsgewalt im Rathaus an Prinzenpaar“.*

1979

1980

1982

Der „Sexerrat“ der Gesellschaft trat im Augustiner-Kloster jämmerlich gekleidet in „Kutten der Augustiner-Eremiten“ auf. Im Regiebuch konnte man lesen: „Es soll ein Prinzenpaar auftreten und der Karnevalsbetrieb ein wenig persifliert werden. Letzteres soll allerdings nicht verletzend sein und dadurch abgemildert werden, dass sich Stadtvorstand und Stadtrat auch selbst etwas auf den Arm nehmen.“[8] Das war ein entscheidender Punkt für die karnevalistischen Rathausaktivitäten. Die Rathauskarnevalisten hatten „Spaß an der Freude“. Sie nahmen sich dabei „selbst auf den Arm.“ Über sich selbst lachen zu können, schafft bei einem Menschen Souveränität. Wer allerdings nur lachen kann, „wenn ein anderer die Treppe runterfällt, kann kaum als ein mit Humor begabter Mensch gelten. Es gibt noch eine weitere Stufe der Souveränität. Diese erklimmt, wer darüber lacht, wenn andere über ihn Witze erzählen … Sobald ein Politiker über etwas lacht, was ihn lächerlich machen soll, tritt die Lächerlichkeit nicht ein. Politiker, die Gegenstand von Witzen sind, haben es geschafft. Sie sind wirklich populär.“[9]

Das Jubiläumsjahr 1984 der Stadt Trier erforderte natürlich für die närrische Ratssitzung besondere karnevalistische Höhepunkte. Es trat der Assyrer Trebeta auf; ebenso waren die Treverer und die römischen Stadtgründer anwesend. Aber auch dieses närrische Spiel endete mit der Übernahme der Regierungsgeschäfte durch das Prinzenpaar.

Die Zweitausendjahrfeier hatte alle Kräfte in der Stadt, aber natürlich besonders die Energien im Rathaus sehr in Anspruch genommen. Das sah man in der närrischen Ratssitzung 1985 den Mitgliedern des Stadtvorstandes deutlich an. „Mir sin aom Enn!“ So lautete das Motto. „Von einem ‚Trommler‘ aufgespürt und herbeigetrommelt, naht dann letztendlich der Stadtvorstand in einem bereits vor der Schlüsselübergabe trostlosen Zustand. An Kopf und Gliedern verbunden, auf Stöcke und Krücken gestützt und ‚Maximus Felix‘ auf einer Trage liegend, ist er bereit, seine Grundrechte, ‚kein Handschlag, nicht zu prosten, zu strahlen, zu klatschen, zu küssen und keine Festreden zu halten‘ aufzugeben. Das findet nicht ohne peinliche genaue ärztliche Untersuchung Zustimmung.“[10]

Die Ansprüche an die närrische Stadtratssitzung nahmen zu. War überhaupt noch eine Steigerung möglich? 1986 traten die „Rathausnarren“ als Punker und die Fraktionsvorsitzenden als Engel auf. Die Punker beschimpften in der ent-

[8] *Närrische Ratssitzung am 12. Februar 1983: Regiebuch.*

[9] *Rommel, Manfred: „Holzwege zur Wirklichkeit – Meine derzeitige Weltsicht“, Stuttgart-Leipzig, 2. Auflage 2001, S. 328 f.*

[10] *Trierischer Volksfreund vom 18. Februar 1985: „Stadtvorstand mit ‚Felix Maximus‘ nach dem Jubiläum in einem ganz und gar heruntergekommenen Zustand“.*

sprechenden Sprache die Gäste im überfüllten Rathaussaal. In diesem Jahr waren besonders die Mitarbeiterinnen und Mitarbeiter in der „Maske des Theaters" gefordert. Begeisterungsstürme wie an diesem Samstagmorgen hatte der Große Rathaussaal bisher selten erlebt. Es wurde aber auch deutlich, dass man sich nicht weiter steigern konnte. Zumal natürlich die „normale" Arbeit in den Tagen vor dem Spektakel nicht darunter leiden durfte. Also: einen Schritt zurück. Man präsentierte deshalb 1987 eine Märchenwelt, auch für das Leben im Rathaus sehr naheliegend. „Es war einmal" lautete das Motto. Oberbürgermeister Felix Zimmermann erschien als Müllergeselle mit einem Goldesel, Bürgermeister Kreutzer versuchte die Märchenfiguren im Sinne des Regiebuches zu lenken. Dabei hatte er aber bei den Beigeordneten wenig Erfolg. Hans Petzhold, Baudezernent, stöhnte als „Hans im Glück":

> „Ich habe es getragen viele Jahr.
> So lang ich hier Stadtbaumeister war.
> Was hab ich aus Gold nicht alles gemacht.
> Nun schmeiß ich es hin, dass es nur so kracht!"

Und Helmut Schröer „tänzelte" als Sterntaler durch den Saal: „Allein seine schwebende, schwänzelnde, weiße Erscheinung ließ kein Auge trocken."[11] Am Ende hatten die Märchen als Ablenkungsmanöver keinen Erfolg. Die Regierungsgewalt ging, nach der Inspektion der leeren Kasse, an das Prinzenpaar des Jahres 1987 Manfred I. und Prinzessin Annette I. über.

Inzwischen war die „Närrische Ratssitzung" schon zur Tradition geworden. Im närrischen Fahrplan hatte diese Veranstaltung ihren festen Platz. Natürlich war der Erfolg von Jahr zu Jahr unterschiedlich. Höhepunkte waren in der Regel die Veranstaltungen, die sich mit der Kommunalpolitik beschäftigten. Immer wieder wurde versucht, einen aktuellen Bezug herzustellen. Das wurde besonders 1988 und 1989 deutlich. Zunächst wurde am 13. Februar 1988 in der närrischen Ratssitzung die Frage gestellt „Viehmarkt – und was nun?" Oberbürgermeister Felix Zimmermann trat als Geheimrat Goethe auf und rezitierte frei nach Goethes „Der Schatzgräber" das Gedicht „Der Viehmarkt". Die Vorschläge der Rathausnarren für die Lösung des Viehmarktproblems fanden bei den anwesenden Karnevalisten keine Mehrheit. Die Aufgabe „Viehmarkt" wurde deshalb dem Prinzenpaar übertragen.

[11] *Trierischer Volksfreund vom 2. März 1987: „Es war einmal – mit den Märchenfiguren aus dem Trierer Rathaus".*

1984

1985

EMPFANG DES PRINZENPAARES FÄLLT AUS
(ET IS NIX DA)
DAS RATHAUS-NOT-KOMITEE
Goldesel

1987

Viehmarkt - und was nun ?

1988

Es begann in Trier die Zeit der Bürgerinitiativen. Der Viehmarkt war schon einige Jahre Baustelle. Zu der Frage „Welche Funktion hat der Platz in der Stadt?“ gab es sehr unterschiedliche Meinungen. Eine Bürgerinitiative „Rettet den Viehmarkt“ war 1986 das Ergebnis. Die Bürgerinitiative „Domfreihof“ war später zu erwarten.[12] Der Stadtvorstand wollte 1989 dieser Entwicklung entsprechen und rief auf zur Gründung der Bürgerinitiative „Rettet die Trierer vor dem Karneval.“ Allerdings hatte diese Initiative keine Chance, zumal die wahren Herrscher, das Prinzenpaar, zur Übernahme der Macht schon bereitstanden. „Lumpenball im Rathaus“ – so war die inzwischen zu Tradition gewordene närrische Ratssitzung 1990 getarnt. Die „Lumpen“ aus dem Rathaus versuchten durch sehr eigenwillige Vorschläge die Verkehrsprobleme der Stadt zu lösen. Aber sie scheiterten.

Der Golfkrieg war 1991 kein geeigneter Rahmen für Karnevalsveranstaltungen. Rosenmontagszüge fielen aus, und natürlich wurde auch der Rathauskarneval abgesagt. 1992 war man aber wieder bereit. „Das wahre Wesen der Stadt“ wurde dargestellt; ähnlich wie beim Sängerwettstreit auf der Wartburg bemühten sich die ‚Künstler“ durch ihre Vorträge zu überzeugen. Die Stimmung war überschäumend. Dies war aber nicht zum Vorteil der Rathausnarren, sondern das Prinzenpaar nutzte die Gelegenheit, alle Sympathien auf sich zu vereinen.

1995 wurde das Rathaus zum „Hitparadhaus“. Der Oberbürgermeister, die Beigeordneten und auch die Fraktionen des Trierer Stadtrates „belegten bekannte Weisen aus der Konserve mit selbstgestrickten Texten (bevorzugte Themen: Platanen, Geld, Presse) und gratwandernd zwischen den Tonarten“.[13] Das Prinzenlied „Ein Bett im Rathaus“ war aber letztlich nicht zu schlagen.

Sehr politisch wurde es wieder 1996. „Das war gleich ein ganzes Rudel dicker Hunde, das Oberbürgermeister Helmut Schröer und sein Stellvertreter Dr. Jürgen Grabbe dem Prinzenpaar aufzubinden versuchten. Im Rathaus sei alles in Ordnung, es würden weder Kosten noch Mühen gescheut, den Bürger so zu behandeln, wie es ihm nach neuem Verwaltungsselbstverständnis gebührt ... Grabbe, in einem Kulturbeutel kramend, erläuterte der Nutzwert von Grabungsschutzzonen: ‚Trier wird nach Entdeckung einen weiteren römischen Gräberfeldes zur totesten Stadt Deutschlands erklärt.‘“[14] 1996 wurden die Beiträge der Rathausnarren qualitativ erheblich durch den Auftritt von Sängerinnen und Sänger der Trierer Stadttheaters aufgewertet. Ein Programmpunkt, der immer wieder ein-

[12] *Die Bürgerinitiative „Rettet die Bäume am Domfreihof“ wurde im August 1994 gegründet.*
[13] *Trierischer Volksfreund vom 20. Februar 1995: „Fracksausen: Neuhaus passte im Sä(n)gerwettstreit“.*
[14] *Trierischer Volksfreund vom 12. Februar 1996: „Grabungsschutz: Trier die Stadt der Toten Hosen“.*

gebaut wurde. Glaubte man doch, dadurch die neuen Herrscher musikalisch von den wahren Problemen im Rathaus ablenken zu können.

1998 feierte Triers älteste Karnevalsgesellschaft, die KG Heuschreck 1848 e.V. ihr 150jähriges Bestehen. Deshalb stellte die Gesellschaft in diesem Jahr das Prinzenpaar. Traditionsgemäß sollte es ein Prinz sein. Aber die „Heuschrecken" präsentierten, einmalig in der Geschichte des Trierer Karnevals, eine Prinzessin: Judith I. (Judith Williams). Die Trierer Regentin im Jahr 1998 war im Heuschreckballett groß geworden, hatte eine lange karnevalistische Karriere hinter sich. Die Rathauskarnevalisten mussten sich etwas einfallen lassen. Sie traten in der närrischen Ratssitzung als Leuchttürme auf. Die Prinzessin ließ sich aber von diesen Lichtgestalten nicht blenden und übernahm selbstverständlich trotz einer leeren Kasse im Rathaus das Kommando.

Ein weiteres wichtiges politisches Thema in den 90er Jahren war der Abzug der französischen Streitkräfte aus Trier. Als Besatzung waren sie nach dem Zweiten Weltkrieg gekommen. Inzwischen lebten sie als französische Mitbürgerinnen und Mitbürger, als Freunde in Trier. Sie waren „schon lange keine Fremdkörper in unserer Stadt. Die Franzosen waren ein Stück Europa"[15] in Trier. Es lag nahe, dass die närrische Ratssitzung 1999 den Abschied der Franzosen den Rahmen bildete: „Auf Wiedersehen französische Freunde!" „Und so marschierten drei Musketiere vom Stadtvorstand in die Versammlung ein und beklagten wortreich ihren bevorstehenden Rückzug. Sie nutzten die Gelegenheit, um in mehr oder weniger stimmigen Reimen satirische Seitenhiebe zu verteilen. Nach einer derartigen Überdosis von Bonmots war echte Kultur gefragt. Heide Zehnder und Andreas Scheel vom Trierer Theater demonstrierten mit Kostproben aus dem ‚Barbier von Sevilla', dass die Premiere der Rossini-Oper im April ein echter Genuss zu werden verspricht."[16]

2001 war in der Stadt Trier wieder einmal eine heftige kommunalpolitische Diskussion entbrannt. „Nach der harmlosen und freundlichen Diskussion um die Platanen auf dem Domfreihof, nach der netten und von Harmonie geprägten Diskussion um die künftige Nutzung des Palais Walderdorff schien es eine Diskussion um den Kornmarkt zu geben. Alle Berufsdemonstranten, alle bekannten Berufs-Einwohnerantragsfragesteller, alle Verwaltungsgerichtsanrufer jubilierten … Der Trierische Volksfreund jammert: Wir brauchen dringend ein Thema. – Gemach, Gemach. Wir haben ja noch das Casino."[17] Die Stadtpolitik hatte für die „Casino-

---

[15] *Schröer, Helmut: „Trierer Weichenstellungen Band 1 – Ein Beitrag zur jüngeren Stadtgeschichte", Trier 2009, S. 191ff.*

[16] *Trierischer Volksfreund vom 8. Februar 1999: „Leichte Koloraturen und schweres Blech".*

[17] *Närrische Ratssitzung am 19. Februar 2001: Regiebuch.*

Phantasien“ in der närrischen Ratssitzung den Boden vorbereitet. Das nutzten die „Casino-Phantasten“ für ihre „merkwürdigen“ Nutzungsvorschläge für das Casino am Kornmarkt. Die Mehrheit im Rathaussaal stimmte allerdings einstimmig für den Vorschlag der Tollitäten Georgette und Leo: Das Casino solle in Zukunft als Bürgerhaus dienen. Als Überraschungsgast nahm an der närrischen Ratssitzung 2001 Dr. Volkhardt Germer, der oberste Bürger der Partnerstadt Weimar, teil und machte bei dem Spektakel „als Statist“ tapfer mit.

Die Landesgartenschau sollte zwar erst 2004 stattfinden. Dennoch war es angebracht, schon 2002 eine Ideenschmiede für die Landesgartenschau zu veranstalten. Die „Rathaus-Pflänzchen“ präsentierten dem staunenden Prinzenpaar ihre Vorschläge für eine erfolgreiche Gartenschau-Vermarktung. So viel Kreativität aus dem Rathaus überraschte sehr.

Nachdem man den Großen Rathaussaal 2003 zum „Gasthaus zum Pleitegeier“ umgerüstet hatte und die Stadtvorständler als Kneipen-Bedienung tätig waren, stand die Landesgartenschau unmittelbar vor der Eröffnung im April 2004 im Mittelpunkt. „Lasst Blumen singen!“ lautete das Thema. „Die Rathausinspektion soll auch 2004 wieder dazu dienen, dem Prinzenpaar des Jahres 2004 einen Einblick in die ‚Situation des Rathauses‘ zu geben. Wie gewohnt ersinnen die ‚Rathausmächtigen‘ wieder eine Vielzahl von Ablenkungsmanövern, um von dem tristen Zustand des Rathauses abzulenken … Womit kann man am besten Freunde und Sympathie gewinnen? Natürlich durch Blumen! Noch besser durch ‚singende‘ Blumen“.[18] Die „Rathaus-Pflänzchen“ sangen aber nicht selbst, sondern hatten sich durch Sängerinnen und Sänger des Trierer Theaters verstärkt. Das Prinzenpaar verkündete am Ende den jubelnden Untertanen das Motto für einen blumenreichen Karneval: „Die Zukunft steht in den Blumen.“

Das Jahr 2005 stand für den Karneval unter einem sehr unglücklichen Stern. Ende Dezember 2004 hatte ein Erdbeben im indischen Ozean zu verheerenden Tsunamis geführt. Durch das Beben und seine Folgen starben etwa 230.000 Menschen. Die karnevalistischen Aktivitäten im Rathaus wurden aus diesem Grund weitestgehend eingestellt. Für Prinz Erwin II. und Prinzessin Barbara I. blieb dann nur ein Empfang mit wenigen Gästen.

[18] *Närrische Ratssitzung am 16. März 2004: Regiebuch.*

1990

1992

2001

Im Jahr 2006 waren die Rathausnarren aber wieder bereit. Und auch ein Thema war schnell gefunden: Luxemburg war zur „Europäischen Kulturhauptstadt 2007“ auserkoren. Und Trier war dabei. Man freute sich auf die Konstantin-Ausstellung und zahlreiche andere Aktivitäten in Trier:

Da simmer dabei! Dat is prima!
Viva Augusta!

„Wir sind der Mittelpunkt der Welt, wie zeigen viel, was Euch gefällt!“ wurde gereimt. Programmvorschläge wurden von den „Stadtvorstands-Römern“ gemacht, und Trierisch wurde zur offiziellen Kultursprache erhoben. Aber auch in diesem Jahr übernahm das Prinzenpaar, Prinz Niki I. und Gabi I. vom Rostijen Hoaken, am Ende das Kommando.

Kaiser Konstantin bestimmte 2007 endlich auch in Trier die Ereignisse. Der Rathauskarneval wurde von der Frage bestimmt, wer denn, wenn Konstantin die „Roma secunda“ verlässt, in Zukunft die Augusta Treverorum in eine gute Zukunft führen soll. Provinzfürsten der Treverer wollten durch ihre Vorträge („Geschwätz“) überzeugen. Konstantin, von seiner Mutter Helena beraten, lehnte alle ab. Seine Wahl fiel auf das Prinzenpaar Andreas I. und Barbara II.

2007 fand die bisher letzte närrische Ratssitzung statt. Wie hatten die „Rathausnarren“ selbst diese letzte Inspektion empfunden? „‚Wir sind zum Ende gekommen. Das ist die Hauptsache‘, sagte Schröer. Denn der Ausgang sei jedes Jahr ungewiss. Die Rathausinspektion hat Tradition. Nur sei sie früher sehr förmlich gewesen, sagte Schröer. ‚1979 war damit Schluss. Da haben wir uns einfach mal Richterroben angezogen‘. Der Kreativität sind keine Grenzen gesetzt. Punks seien auch mal unter den Mitwirkenden gewesen. Richtlinien gibt es zwar für den Text, jeder dichtet aber selbst. ‚Unterstützung bekommen wir dabei vom Theater. Das hilft uns, auf den Punkt zu kommen‘“.[19]

[19] *Trierischer Volksfreund vom 12. Februar 2007: „Zum Regenten erkoren ist das Trierer Prinzenpaar“.*

2002

2004

2006

RESTAURANT
KISTE

07 // 1984: Geschenke für das „Geburtstagskind" Stadt Trier

Ein Zeugnis tiefer Verbundenheit

Die Zweitausendjahrfeier der Stadt Trier im Jahre 1984 war ein großer Erfolg. Die Feier hatte deutlich gemacht, welche Bedeutung das römische Trier hatte. Aber über den Blick in die Vergangenheit hinaus war deutlich geworden, dass die europäische Stadt Trier auch eine gute Zukunft hat. Das Selbstbewusstsein der Triererinnen und Trierer war gestärkt worden. Dazu war im Beschluss des Stadtrates im Jahre 1979 als Ziel der Jubiläumsfeier formuliert worden, „die Beziehung der Bürgerinnen und Bürger unserer Region zur Geschichte und Kultur der Stadt Trier zu stärken, den Stolz auf die Vergangenheit zu beleben und die innere Verbundenheit mit den Jahrhunderten, auf welchen unser jetziges Leben beruht, zu festigen."[1] Dieses Ziel war zweifellos erreicht worden. Über die materiellen Fortschritte hinaus, zahlreiche Investitionen in der Stadt belegten dies, war die Bereitschaft der Triererinnen und Trierer, sich für ihre Stadt einzusetzen, sich zu engagieren, gewachsen. Ein neues „Wir-Gefühl" war festzustellen.

Ein Beweis für diese vertiefte Verbundenheit war eine Geschenkliste, die in der Sitzung des Stadtrates vom 7. November 1984 als Tagesordnungspunkt 14 zur Abstimmung stand. Der Beschlussvorschlag lautete: „Der Stadtrat stimmt der Annahme der in der Anlage aufgeführten Spenden zu"[2]. Aus Anlass der Zweitausendjahrfeier hatten zahlreiche Bürgerinnen und Bürger, Gäste der Stadt, Firmen und Institutionen die Stadt Trier beschenkt. Es war eine beachtliche Liste entstanden.

Jubiläumsaufkleber

Die Annahme von Schenkungen bedarf der Zustimmung durch den

[1] Trierischer Volksfreund vom 1. Dezember 1984: „Ziele des Jubiläums erreicht". (Kommentar von Norbert Kohler).
[2] Vorlage 311/1984 für die Sitzung des Rates der Stadt Trier vom 7. November 1984.

Stadtrat. Die Gemeindeordnung von Rheinland-Pfalz schreibt dies im §32 vor. Transparenz ist der Grund. Deshalb musste die Liste der Geschenke im Jahre 1984 im Stadtrat behandelt werden. Über die Annahme dieser Geschenke gab es im Trierer Stadtrat 1984 keine Diskussion. Die Geschenke wurden ohne Gegenstimme angenommen.

Diese Geschenkliste, die im Jubiläumsjahr 1984 verabschiedet wurde, hatte eine eigene Geschichte. Im November 1981 wurde ich von dem Geschäftsführer eines großen Trierer Industriebetriebes gefragt, was sich die Stadt Trier als Geschenk zum „Geburtstag" wünsche. Eine interessante Frage, die sicher in Trier noch häufiger gestellt wurde – bis zu diesem Zeitpunkt aber noch nicht öffentlich. Um auf weitere Anfragen antworten zu können, informierte ich die Kollegen im Trierer Stadtvorstand. Es sollte, so der Vorschlag, überlegt werden, eine Geschenkliste zu erstellen. So könnte man entsprechende Anfragen konkret beantworten. Der Vorschlag erschien zunächst ungewöhnlich; schließlich gab es aber in einer Sitzung des Stadtvorstandes im Juni 1982 eine breite Zustimmung. Vor allem auch deshalb, weil vereinzelte Anfragen schon vorlagen. Die Dezernenten wurden aufgefordert, Vorschläge zu machen, die es verdienten, in den Genuss einer unerwarteten Finanzierung zu kommen. So entstand eine umfang-, aber auch abwechslungsreiche Zusammenstellung: die Geschenkliste der Stadt Trier aus Anlass der Zweitausendjahrfeier. Damit war natürlich die bei vielen Geschenken vorhandene Idee, den Beschenkten, in diesem Falle die Stadt Trier, überraschen zu wollen, nicht vorhanden.

„Stadt Trier für ihr Geburtstagsfest wie eine Braut mit einer Geschenkliste ausgestattet" lautete die Überschrift eines Artikels in der Trierer Presse am 27. Januar 1983.[3] „So langsam aber sicher hat es sich herumgesprochen, dass die Stadt Trier im kommenden Jahr ihr 2000jähriges Bestehen feiert. Überlegungen werden daher laut, was man denn einer so betagten ‚Dame' wohl zum Geburtstag schenken kann, schließlich ist es ein Geburtstagsfest, das in die Geschichte eingehen wird. Vertreter der Wirtschaft waren die ersten, die sich im Rathaus nach einem ‚heißen Tipp' umhörten. Mittlerweile sind es aber nicht nur Firmen, sondern auch Verbände, Innungen und sogar Institutionen, die der ältesten Stadt Deutschlands ein Geschenk bereiten möchten und die Stadtverwaltung um einen Vorschlag gebeten haben. Diese hat sich mit dem überaus erfreulichen Anliegen befasst und

[3] *Trierischer Volksfreund vom 27. Januar 1983; „Stadt Trier für ihr Geburtstagsfest wie eine Braut mit einer Geschenkliste ausgestattet".*

dabei die glorreiche Idee entwickelt, ähnlich wie es eine Braut vor der Hochzeit tut, eine Geschenkliste aufzustellen."

Mit der Idee einer Geschenkliste hatte die Stadt Trier offensichtlich einen Volltreffer gelandet. Nicht nur in der Stadt Trier, wo die Liste sich einer regen Inanspruchnahme erfreute. Auch die überregionale Presse berichtete ausführlich „Trier lässt sich von Bürgern beschenken" berichtete am 19. Februar 1983 die „Kölnische Rundschau". Und „Die Welt" titelte am 2. April 1983: „2000 Jahre zahlen sich aus" und berichtete, die zweitausendjährige Geschichte bescherte der Stadt Trier jetzt eine willkommene Einnahmequelle."[4]

Die Liste der zugesagten Geschenke wuchs von Tag zu Tag. Sie war ein Zeichen der Verbundenheit. Ein schönes, wertvolles Beispiel war die farbliche Fassung des Moselkrans, eine Spende einer Trierer Brauerei. Der Spender äußerte sich gegenüber der Presse zu den Beweggründen für diese Spende: „Wir wollen dokumentieren, dass wir uns der Stadt verbunden fühlen." Und die Presse ergänzte: „Bürgerinitiative hat, wie fast alles in dieser alten Römerstadt Tradition. Die Kräne baute schon im ausgehenden Mittelalter ein Schiffer selbst – um schneller zu sein beim Handel auf Mosel und Rhein. Und auch die Sankt-Gangolf-Kirche war seit dem Mittelalter des Trierer Bürgertums ganz besonderer Stolz – denn auch sie wurde von den Einwohnern selbst errichtet."[5]

In der Neuss-Grevenbroicher Zeitung wurde gefragt „Ist Trier besser dran?"[6] Auch in Neuss feierte man 1984 den 2000. Geburtstag der Stadt.[7] Und natürlich ergaben sich zwischen den beiden Jubiläumsstädten Unterschiede: „Nun erweist es sich, dass Trier für 1984 ebenfalls eine 2000-Jahr-Feier vorbereitet. Daraus ergibt sich die Parallelität der Ereignisse, was mehr ist als die verkündeten Sonderbriefmarken für beide Städte. An der Mosel aber, so scheint es, ist man schon besser dran. Da gingen, so wird berichtet, schon lange vor dem Ereignis zahlreiche Anfragen im Rathaus ein, was man sich denn zum Jubiläum wünsche. Vor allem hätten Unternehmer so gefragt. Im eigens etablierten Referat 2000 vernahm man das freudig und machte sich sogleich daran, eine erwünscht stürmische Spendenflut sinnvoll zu kanalisieren. Denn der städtische Haushalt gibt, ähnlich wie in Neuss, für aufwendige Dinge von Bestand nicht sonderlich viel her."[8]

4 *Die Welt (Ausgabe Berlin) vom 2. April 1983: „2000 Jahre zahlen sich aus."*
5 *Ebd.*
6 *Neuss-Grevenbroicher Zeitung vom 5. April 1983: „Ist Trier besser dran?"*
7 *Vgl. dazu: Schröer, Helmut: „Trierer Geschichten, Band 2", Trier 2018, S. 51ff.*
8 *Neuss-Grevenbroicher-Zeitung vom 5. April 1983: a.a.O.*

Der Stadtratsbeschluss vom 7. November 1984 behandelte 55 Einzelgeschenke mit einem Gesamtwert von etwa 800.000 DM. Dabei konnte der Handwerkerbrunnen, ein sehr wertvolles und attraktives Geschenk, gestiftet von der Kreishandwerkerschaft und der Handwerkskammer, noch nicht berücksichtigt werden. Der Brunnen wurde erst am 1. Dezember 1984 an die Stadt Trier übergeben. Dies traf auch auf weitere Geschenke zu, die erst nach dem Beschluss des Stadtrates gemacht wurden.

Schon die Anzahl der Geschenke war sehr erfreulich. Da sich viele bei der Auswahl auf die Liste der Stadt Trier bezogen, gingen auch sehr nützliche Geschenkvorschläge bei der Stadt ein. Manches Geschenk war wiederum sehr originell: „So las ein Schweizer Bürger in seiner Heimatzeitung diese Nachricht und erinnerte sich daran, dass er vor langer Zeit bei einem Besuch in Trier auf dem Pferdemarkt seiner zukünftigen Ehefrau erstmals begegnet war. Das Schwelgen in Erinnerung bewog ihn, der Stadt als Jubiläumsgeschenk zwei Bänke zu stiften. Plazierungsvorschrift: auf dem Pferdemarkt.“[9]

Zahlreiche Wünsche, von den Dezernaten der Stadt zusammengetragen, konnten erfüllt werden. Einige Beispiele:
- Geldspenden für die Gestaltung der Zweitausendjahrfeier
- Sanierung und Anstrich des Barockportals von St. Gangolf
- Restaurierung der Barockfiguren im Palastgarten
- Sanierung und Anstrich des Georg-Brunnens auf dem Kornmarkt
- Farbige Fassung des Moselkrans
- Sanierung des Zollkrans
- Anstrahlung der St. Matthias Basilika
- Kauf einer Plastik des Schweizer Künstlers Max Bill[10]
- Anstrahlung der Porta Nigra
- Stiftung des Georg-Friedrich-Dasbach-Brunnens in der Glockenstraße
- Sachspende für die Tufa (Kulturzentrum)
- Bestuhlung des Lehrsaals der Berufsfeuerwehr
- Sachspende für die Berufsbildende Schule – Gewerbe und Technik
- Neupflanzung von Bäumen
- Sanierung Kreuzweg Tarforst
- Förderung der Jugendpflege
- Glasvitrinen für die Stadtbibliothek

[9] *Trierischer Volksfreund vom 29. Juli 1983: „Geschenk sogar aus der Schweiz – Zwei Bänke für den Pferdemarkt“.*
[10] *Vgl. dazu: Schröer, Helmut: „Trierer Geschichten Band 1, Trier 2016, S. 65 ff.*

Georg-Brunnen auf dem Kornmarkt

- Geldspenden für die Berufsfeuerwehr
- Geldspende für die Trierer Jugendarbeit
- Förderung der Heimatpflege
- Anschaffungen für die Jugendbücherei
- Unterstützung der Aktion „Jugend fasst Geschichte an"

In der vom Stadtrat durch Beschluss angenommenen Geschenkliste waren weitere wertvolle Geschenke, wie bereits erwähnt, noch nicht aufgeführt. So wurde beispielsweise von der Industrie- und Handelskammer Trier ein reich bebildertes Buch mit dem Titel „Trier – Wirtschaftszentrum mit Tradition und Zukunft – 2000 Jahre Trierer Wirtschaft" erstellt und der Stadt Trier geschenkt. „Die Industrie- und Handelskammer Trier hofft mit der Überreichung dieses Bildbandes an die Stadt Trier, dass sie zu der großen Geschichte der Augusta Treverorum, der Stadt Trier, einen kleinen Beitrag leisten konnte."[11]

[11] *Industrie- und Handelskammer Trier: Trier – Wirtschaftszentrum mit Tradition und Zukunft – 2000 Jahre Trierer Wirtschaft. Trier 1984, S. 8.*

Georg-Friedrich-Dasbach-Brunnen in der Glockenstraße

Dier Karnevalsgesellschaft Heuschreck sanierte das alte Trierer Zollhaus am Katharinenufer, das 1815 erbaut wurde. In Verbindung mit der Geschichte des Zollwesens hat dieses Gebäude einen hohen historischen Wert. Anfang der 80er Jahre präsentierte sich das Zollhaus allerdings in einem wenig schönen Zustand und drohte zu verfallen. Für rund 250.000 DM wurde das Haus nach einer umfangreichen Sanierung, bei der auch die denkmalpflegerischen Gesichtspunkte beachtet wurden, instand gesetzt und am 30. Juni 1984 an die Stadt Trier übergeben, denn sie blieb weiterhin Eigentümer. Der „Heuschreck" schloss mit der Stadt Trier einen langfristigen Nutzungsvertrag. Damit hatte Triers älteste Karnevalsgesellschaft ein „eigenes Haus" für eigene Veranstaltungen und Zusammenkünfte. Das zweigeschossige Gebäude bietet auch Platz für ein kleines Heuschreck-Museum. Werner Becker, großartiger Mundartdichter und über viele Jahre führend im Heuschreck, vor und hinter der Bühne aktiv, beschrieb auf seine Art die Träume und die Verwirklichung des neuen Heuschreck-Domizils:

Das alte Zollhaus vor und nach der Sanierung

Drom hat den „Heuschreck“ sich gesaoat,
su ebbes wär waaß Godd ze schaod;
om langsam vor de Hund ze giehn,
dat Haus soll endlich nei erstiehn.
Mir packen’t aon, ’t gött redaureert,
de höchste Zeit, dat wat passeert.
En hat et möt vereinder Kraft
och fast termingerecht geschafft,
nöt seich zur Ehr – wie manchen denkt –
de Stadt, die kriet et zröckgeschenkt.
Se hat et nor off Zeit verliehnt,
daomöt et als en Treffpunkt dient
all dännen, die sich nöt schönneeren
noch Börjersönn ze prakdizeeren.
Wen daozu hat möt beigetraon,
dem göllt et, Dankeschön ze saon.[12]

Ein besonderes Geschenk übergaben am 1. Dezember 1984 die Handwerkskammer und die Kreishandwerkerschaft Trier: den Brunnen des Handwerks. Der Brunnen war das Werk des Trierer Metallgestalters Klaus Apel. Der Standort des neuen Brunnens wurde zunächst diskutiert. Vorgeschlagen wurde der Platz vor der Dresdner Bank (heute Commerzbank) in der Brotstraße. Klaus Apel intervenierte. Er wünschte sich einen breiteren Platz für „seinen“ Brunnen, und man fand ihn schließlich in der Fahrstraße. „Der Brunnen hat die Form eines

[12] *KG Heuschreck 1848 e.V., Programmheft der Session 1985: „Geschenk an die Stadt Trier“, S. 45 ff.*

Eichenbaumes als Symbol des Handwerks (Ständebaum). Er ist 4,20 m hoch, hat einen Durchmesser von 1,60 m und ist in Messing gearbeitet. 42 Handwerksberufe sind am Brunnen, teils figürlich, teils mit dem Innungswappen dargestellt.“[13]

Die Handwerkskammer Trier hatte einen Wettbewerb ausgeschrieben, aus dem Klaus Apel als Sieger hervorgegangen war. „Sieben Monate lang habe er ‚quasi rund um die Uhr‘ in seiner Werkstatt im Stadtteil Kernscheid geschmiedet, getrieben und ziseliert, um zwischen grazilen Eichenstämmen und Zunftzeichen den Alltag des Handwerks sehr detailfreudig in Bronze zu fassen. Fast 10.000 Arbeitsstunden seien damals zustande gekommen.“[14]

URKUNDE

Aus Anlaß der 2000-Jahr-Feier der Stadt Trier übergeben die

HANDWERKSKAMMER TRIER

und die in der Kreishandwerkerschaft Trier-Saarburg zusammengeschlossenen

HANDWERKSINNUNGEN

der Stadt Trier als Geschenk den

Brunnen des Handwerks

der von dem Kunstschmied Klaus Apel entworfen und gefertigt und zwischen Fahr-Nagelstraße errichtet wurde.

Trier, den 1. Dezember 1984

HANDWERKSKAMMER TRIER — KREISHANDWERKERSCHAFT TRIER-SAARBURG

Präsident — Hauptgeschäftsführer — Kreishandwerksmeister — Geschäftsführer

[13] Apel, Klaus: „Kunst durch Feuer und Hammer“. Trier 2007, S. 12.
[14] Trierischer Volksfreund vom 6. Dezember 2004: „Geschenk feiert Geburtstag“.

Übergabe des Handwerkerbrunnens am 01.12.1984

Schon bald nach Übergabe wurde der Brunnen zu einem beliebten Wahrzeichen der Stadt Trier. „Mit Erfindungsreichtum, Humor, Liebe zum Detail und dennoch als repräsentativer, großer Wurf führt Klaus Apel wichtige Stationen des Handwerker-Lebens sowie die Innungen mit ihren Wappen vor Augen. Es ist mir immer wieder eine große Freude, Gäste der Stadt Trier zum Handwerker-Brunnen zu führen. Mit einer Höhe von über vier Metern gehört er zu den bedeutenden Brunnen in Trier und leistet einen wichtigen Beitrag bei der modernen Gestaltung der innerstädtischen Plätze."[15]

Der Handwerkerbrunnen von Klaus Apel erhielt auch überregionale Anerkennung. Preise und Auszeichnungen, auch internationale Preise, begleiteten insgesamt seine Arbeit. Trotz der großen Bannbreite seines Schaffens entwickelte er mit dem Werkstoff Metall einen unverwechselbaren Stil. Besonders sichtbar wurde dies beim Trierer Handwerkerbrunnen: „Der Bereich der ernsten Arbeiten und des Schaffens, die Fröhlichkeit und die Heiterkeit der Feste sind hier lebendig.

[15] *Apel, Klaus: „Kunst durch Feuer und Flammen", a.a.O., S. 5 (Grußwort des Oberbürgermeisters)*

Bundespräsident Richard von Weizsäcker im Rathaussaal

Es sind liebenswürdige, treffende Bilder. Mit seinem Brunnen ist Klaus Apel etwas geglückt, was sich wohl alle Brunnen-Gestalter wünschen. Ich habe erlebt, wie bei der Einweihung die Kinder und die Erwachsenen stehenblieben, um den Brunnen staunend herumgingen, sich gegenseitig aufmerksam zu machen, was sie entdeckten, und zu entdecken, was sie vorher nicht gesehen hatten – einen Brunnen, der erzählt, einen Brunnen, mit dem das Volk spricht, einen Brunnen für das Volk.“[16]

Nicht nur „das Volk“ erfreute sich schon unmittelbar vor der Übergabe an dem Brunnen. Bundespräsident Richard von Weizsäcker besuchte am 30. November 1984 die älteste Stadt Deutschlands. Ein Grund war, dass er in der Trierer Europahalle die Bundessieger des praktischen Leistungswettbewerbs der deutschen Handwerksjugend ehrte. Die Begegnung mit den Besten der Handwerksjugend nutzte der Bundespräsident auch, um der Stadt Trier einen offiziellen Besuch abzustatten. Das Programm eines solch hohen Besuches ist sehr häufig vorgegeben: Empfang in Rathaus, Eintragung in das Goldene Buch der Stadt, Stadtrundgang mit Besuch des Karl-Marx-Hauses, Besichtigung des Hauptmarktes, des Trierer Doms und der Basilika. Der Besuch war bis auf die Minute vorgegeben. Die

[16] *Zitiert nach: Wichmann, Jürgen: „Kunst aus dem Feuer und dem Hammer“. In: Apel, Klaus: „Kunst durch Feuer und Hammer“., a.a.O., S. 35.*

offizielle Begrüßung im Großen Rathaussaal war um 13.30 Uhr. Der Stadtrundgang begann gegen 14.00 Uhr. Um 16.30 Uhr startete bereits der Hubschrauber von der Palästra der Kaiserthermen Richtung Bonn. Doch bei aller Terminenge: Den Trierern wird der Besuch von Bundespräsident Richard von Weizsäcker in guter Erinnerung bleiben. Hatte er doch im Rathaussaal ein außerordentliches Lob für die Stadt Trier bereit: „‚Irgendwann wird mich meine Funktion nach Rom führen'", sieht der Bundespräsident der Zukunft entgegen, „‚und dann ist das eine klar: Zuerst muss man nach Trier und dann nach Rom!'"[17] Im offiziellen Programm des Besuches war die Besichtigung des neuen Brunnen des Handwerks nicht vorgesehen. Er sollte ja auch erst einen Tag später, am 1. Dezember 1984, offiziell übergeben werden. Aber es war selbstverständlich: Beim Stadtrundgang konnte man an diesem großartigen Geschenk nicht achtlos vorübergehen. Richard von Weizsäcker war begeistert. Er lobte dieses Kunstwerk in höchsten Tönen. Das Geschenk des Handwerks an die Stadt Trier erhielt so auch von höchster Stelle Anerkennung.

Der Jubel nach dem Jubiläumsjahr war in Trier beachtlich. Am Ende des Jahres konnten die Trierer zufrieden auf das Jahr 1984 zurückschauen. Sie waren stolz auf ihre Stadt. Sehr groß war die Bereitschaft, sich zu engagieren, sich zu bekennen, einen Beitrag zu leisten. Ein gutes Beispiel, sich für die Stadt einzusetzen, war die Geschenkliste, die aus Anlass der Zweitausendjahrfeier erstellt wurde. Am Anfang wurde sie noch etwas belächelt. Im Laufe des Jahres wurde die Liste dann aber mehr und mehr nachgefragt. In der Presse sprach man sogar von einem besonderen „PR-Gag": „Ein Gag der Moselhauptstadt zum Jubiläum hat gewiss PR-Seltenheitswert. Die Bürger baten die Stadt um eine Liste, die sie sich wünscht – so wie es Geschenklisten vor Hochzeiten gibt. Beigeordneter Helmut Schröer: ‚Die Liste begann bescheiden mit Ruhebänken, steigerte sich über den Wunsch für farbige Fassungen einiger Denkmäler bis hin zur Neuanschaffung von Scheinwerfern zum Anstrahlen historischer Bauten'."[18]

Es heißt: „Geschenke erhalten die Freundschaft." Abgewandelt könnte man sagen: „Geschenke, die der Stadt Trier 1984 gemacht wurden, zeigten die tiefe Verbundenheit zur ältesten deutschen Stadt."

[17] *Trierischer Volksfreund vom 1. Dezember 1984: „‚Bevor ich nach Rom fahre, muss ich nach Trier' – Bundespräsident widmete der Stadt sechs Stunden".*

[18] *PublicRelations 12/1984: „Rom sei Dank – Was haben die beiden Römer-Gründungen Neuss und Trier aus ihrem 2000jährigen Geburtstag gemacht? – S. 43.*

Zum
Römischer
Weinkeller
Restaurant
LÖWEN-APOTHEKE
TRIERER LÖWENBRÄU

TRIERER LÖWENBRÄU

08 // Ein Fest aus dem Stand heraus: *Altstadtfest*

Am 7. September 1981 jubelte die Trierer Presse: „Einen besseren und erfolgreicheren Verlauf hätten auch kühne Optimisten nicht prophezeien können: Volksfeststimmung in einem herrlichen Spätsommer, gute Laune bis in die frühen Morgenstunden – das Trierer Altstadtfest machte es möglich. Schon bei seiner Premiere setzte das Trierer Altstadtfest neue Maßstäbe und zeigte, dass eine derartige Veranstaltung Trier nicht nur gut zu Gesicht steht, sondern dass damit den Trierer Bürgern aus dem Herzen gesprochen wurde.“[1]

Das Fest in der Trierer Innenstadt hatte 1981 eine gelungene Premiere. 2019 fand das 29. Trierer Altstadtfest statt. Und wieder wurden rund hunderttausend Besucher gezählt: „Milliunen“ würden die Trierer sagen. Im Trierer Festkalender hat sich das große Stadtfest innerhalb kurzer Zeit einen festen Platz erobert. Obwohl die Triererinnen und Trierer „gefühlt“ verkünden, das Altstadtfest habe es „schon immer“ gegeben.

Woran erkennt man eine Stadt? Was unterscheidet eine Stadt von einer anderen? Man nennt in diesem Zusammenhang oft die Stadtgestalt, weist auf Denkmäler und Häuser hin, die einer Stadt ein Alleinstellungsmerkmal geben. Man redet von den Menschen, von ihrer Sprache, der Mundart. Man spricht also von Einzelheiten einer Stadt, die in ihrer Gesamtheit wie bei einem Mosaik ein Gesamtbild ergeben. Es sind die Besonderheiten, die das Bild einer Stadt bestimmen.

Typisch für eine Stadt sind aber auch die Feste; beispielweise in Trier die Messen. Diese Feste haben sich über Jahrzehnte, ja Jahrhunderte erhalten. Natürlich haben sie sich auch gewandelt. Sind sie noch zeitgemäß? Der Ruf nach Veränderung, sogar nach Beendigung oder nach Verlegung des Festplatzes ist häufig zu hören. Stadtfeste sind aber ein Stück Stadtgeschichte. Deshalb sollte man sehr behutsam sein, wenn es um dieses Thema geht.

Bei der Umgestaltung des Trierer Viehmarktes war auch das Thema „Stadtfeste“, die „Messen“, auf der Tagesordnung. „Soll man diese Situation nicht nutzen und die Messen verlegen? Sie gehören ohnehin nicht in die Mitte der Stadt!“, konnte man hören. Die Protokolle der Sitzungen im Trierer Rathaus (Stadt-

[1] *Trierischer Volksfreund vom 7.9.1981: „An allen drei Festtagen war immer viel ‚los'“.*

vorstand, Planungsausschuss, Stadtrat) weisen aus, dass es eine intensive Diskussion gab. Denn auch die Trierer Messen, die Peter-und-Paul-Messe und die Allerheiligen-Messe, sind ein wichtiges Stück der Trierer Stadtgeschichte. Das Trierer Altstadtfest hat diese lange Geschichte nicht. Obwohl dieses Fest seit einiger Zeit in Verbindung mit der Peter-und-Paul-Messe stattfindet.

Bei der Gestaltung des Viehmarkts, die Diskussion begann zu Beginn der 80er Jahre, stand die städtische Planung vor einer schwierigen Aufgabe.[2] Die Verschönerung dieses Stadtraumes war eine dringende Aufgabe. Der Viehmarkt war vor 1980 eine Wunde in der Stadt. Aber Verschönerung allein wäre keine nachhaltige Lösung gewesen. Es musste auch die Frage beantwortet werden, welche Funktion der Viehmarkt in Zukunft haben sollte. Natürlich mussten auch die Aufgaben der anderen Plätze in der Stadt beachtet werde. Mit dem Domfreihof und dem Kornmarkt stand die Neugestaltung weiterer Plätze in der Innenstadt als Aufgabe an. Eine „Funktionsdifferenzierung" war das Ziel. Jeder Platz hatte in der Gesamtstadt eine andere Aufgabe. Der Viehmarkt sollte als der südliche Eingangsbereich zur Innenstadt ein Veranstaltungsplatz werden. Dort sollten in Zukunft der Wochenmarkt und weitere Veranstaltungen und Feste stattfinden. Hier war also auch der Ort für die beiden Messen. Entsprechend wurden auch bei der Gestaltung des Platzes und der darunter liegenden Tiefgarage die notwendigen statischen Anforderungen berücksichtigt.

Die Entscheidung, hier auch in Zukunft die Messen durchzuführen, war so selbstverständlich nicht. Letztlich setzten sich die Historiker durch. Die Stadt Trier hatte Jahrhunderte hindurch fünf Messen. Schon im alten Statutenbuch von 1593/94, in dem das althergebrachte Recht der Stadt Trier zum „bleibenden Gedächtnis" kodifiziert wurde, sind diese Messen aufgeführt. Die Zahl der fünf Jahrmessen hatte Kurfürst Franz Ludwig von Pfalz-Neuburg (1716–29) im Jahre 1725 auf zwei verringert. Er erließ die Verordnung, dass statt der fünf nur noch zwei Jahrmessen stattfinden sollten; die eine je acht Tage vor und nach Peter und Paul, die andere vom 2. bis 9. November (Allerheiligenmesse).

Die zwei Trierer Messen haben sich also seit 1725 bis auf den heutigen Tag erhalten. Sie überdauerten den Untergang des Kurstaates. In französischer Zeit finden wir die beiden Veranstaltungen in den jährlichen Jahrmärkten wieder. Und in der preußischen Zeit werden sie gleich zu Beginn (1822) als fortbestehend erwähnt. Sie sind – mit Ausnahme der Kriegsjahre – Jahr für Jahr abgehalten

---

[2] *Vgl. dazu: Schröer, Helmut: „Trierer Weichenstellungen. Ein Beitrag zur jüngeren Stadtgeschichte". Trier 2011, S. 61ff.*

worden. Die Verwaltung der Märkte lag immer bei der Stadt, der Inhaber des Marktrechts war der Kurfürst oder der Staat.

Die Märkte und Feste sind also in Trier kein Zeitgeist. Sie gehören zur Stadt, sind ein Stück Stadtgeschichte. Gilt das auch für die anderen Feste, beispielsweise das „Altstadtfest“ in der Trierer Innenstadt? Die Keimzelle dieses großen stadttrierischen Festes ist das Zurlaubener Heimatfest, das Moselfest in „Zalawen“. Die Frage, was geschieht mit den Festen, wurde in den 70er Jahren des 20. Jahrhunderts wieder sehr aktuell. Inzwischen hatte auch das Moselfest am Zurlaubener Ufer, das regelmäßig im Juli eines jeden Jahres stattfindet, neben den Messen eine städtische, ja regionale Bedeutung. 2019 verwandelte sich das Moselufer zum 64. Mal in einen großen Festplatz.

Ende der 70er Jahre wurde im Trierer Stadtrat eine wichtige Verkehrsplanung diskutiert und beschlossen: die Gestaltung des östlichen Brückenkopfes der Kaiser-Wilhelm-Brücke. Am 13. Oktober 1977 hatte der Stadtrat den entsprechenden Bebauungsplanentwurf behandelt: „Die Verkehrsverhältnisse am östlichen Brückenkopf der Kaiser-Wilhelm-Brücke werden immer problematischer und machen einen verkehrsgerechten Ausbau dringend erforderlich.“ So wurde in der Vorlage für den Stadtrat das Anliegen formuliert.[3]

Der Umbau des Brückenkopfes war überfällig, die „Neue Brücke“, wie sie von den Trierern im Gegensatz zur Römerbrücke genannt wird, war in die Jahre gekommen. Am 14. Oktober 1913 hatte Kaiser Wilhelm II. die neue Brücke eingeweiht. Damit war die lange Zeit Geschichte, in der eine Fähre die Verbindung zwischen den beiden Moselufern, zwischen Zurlauben und Pallien, sicherte. „Jeder Eingeborene der Stadt hat sie schon unzählige Male benutzt, mancher sogar, ehe er auf eigenen Beinen ans Moselufer gelangen konnte. Die Fähre zwischen Zurlauben und Pallien ist ein so ehrwürdiges Institut, ihr Bild ist so eng verwachsen mit den heimischen Vorstellungen von Generationen Trierer Bürger und zugewanderter Fremdlinge, dass es wohl berechtigt erscheint, wenn man ihrer einmal mit einigen Worten gedenkt, besonders jetzt, wo ernsthaft von ihrer Abschaffung geredet wird und mancher im Geiste schon eine zweite Brücke sich mit eleganten Bogen über die Mosel spannen sieht.“[4] Die Instandsetzung der „Neuen Brücke“ und ihr Umbau, die Neugestaltung des Brückenkopfes begannen am 24. Juli 1978.

[3] Drucksache 225/77 vom 19.9.1977 für die Stadtratssitzung am 13. Oktober 1977: Bebauungsplan BN 66.

[4] Ritter, Hermann: „Trierer Skizzen und Bilder, Trier 1906“. Zitiert nach: Walter Blasius: „Mosel – Warum die Mosel um Trier einen Bogen macht“. Trier 2015, S. 8.

Am 24. November 1978 war die Maßnahme durchgeführt und die Brücke und der östliche Brückenkopf präsentierten sich neu.

Das Moselfest fand 1979 und 1980 weiter unter Berücksichtigung der Neugestaltung und der geänderten Verkehrsführung in Zurlauben und – über eine Anzahl von Weinständen verbunden – im Schießgraben statt. Die räumliche Situation war schwierig. Es zeigte sich sehr bald, dass das Moselfest nicht mehr als räumliche Einheit gefeiert werden konnte. Die Brücke verbindet die Bundesstraße 49 im Osten der Mosel mit der Bundesstraße 51 westlich der Mosel. Der Verkehr von der sanierten Brücke und auf der Bundesstraße rollte unmittelbar neben den Weinständen. Das Verkehrsaufkommen war beachtlich. Die Entscheidungen der Polizei waren deshalb verständlich: Eine Nutzung der Straßenflächen für das Moselfest in unmittelbarer Nähe des Brückenkopfes wurden nicht mehr zugelassen. Als Lösung bot sich an, für das Fest zwei Standorte zu bestimmen; das Zurlaubener Ufer und den Schießgraben. Der Nachteil dieser Lösung war offensichtlich: Der Festbereich wurde durch eine dunklen Raum zwischen Schießgraben und Zurlauben getrennt. Kritik wurde laut. Vor allem die Olewiger Winzer, die ihre Stände im Schießgraben aufstellen mussten, äußerten sich sehr kritisch.

Es stellte sich die Frage, ob diese Situation nicht Anlass sein sollte, eine neue Konzeption für die Trierer Volksfeste zu erstellen. Ein weiteres Problem kam hinzu. Die 2000-Jahr-Feier der Stadt Trier stand 1984 bevor. Immer wieder wurde in den Vorgesprächen angesprochen, aus Anlass des Jubiläums ein Innenstadtfest durchzuführen. Ein solches Fest benötigte eine Vorlaufzeit. Es lag deshalb nahe, auch zu prüfen, ob nicht im Rahmen der angesprochenen Neukonzeption bereits in den kommenden Jahren dieser „Vorlauf" beginnen sollte.

Eine intensive und breit angelegte Diskussion, in der vor allem die Beteiligten des Moselfestes eingebunden waren, begann. In diesen Gesprächen standen zwei Themen im Mittelpunkt: Das bisherige Moselfest sollte auf seinen Ausgangspunkt zurückgeführt werden. Künftig sollte am Zurlaubener Ufer das „Zurlaubener Heimatfest" stattfinden. Träger der Veranstaltung sollten wie früher die Zurlaubener Vereine sein. Neu diskutiert wurde ein „Innenstadtfest"; dabei sollte im Hinblick auf eine solche Veranstaltung im Jubiläumsjahr 1984 bereits 1981 oder 1982 in der Innenstadt gefeiert werden. Ein Fest in der Innenstadt war in den Diskussionen so unumstritten nicht. Es wurde aber darauf hingewiesen dass am 14./15. September 1973 in der Innenstadt bereits ein „Fürstentag-Volksfest" mit Erfolg durchgeführt wurde. Kaiser Friedrich III. und Herzog Karl der Kühne von Burgund hatten sich vom 28. September bis 24. November 1473 in Trier zu einer Gipfelkonferenz getroffen. Hier verhandelten sie über Heiratsverbindungen der

Vorstellung des Plakats zum ersten Altstadtfest 1981

Häuser Habsburg-Burgund, die Erhebung des Herzogtums Burgund zum Königreich und die Einigung der Christenheit gegen die Türken. „Ganz Europa richtet sein Augenmerk auf dieses Treffen, das den Frieden Europas und die Einigung der Christen gegen die Türken in Aussicht stellt.“[5] Dies war der Anlass, fünfhundert Jahre später das „Fürstentag-Volksfest“ von der Porta Nigra bis zum Hauptmarkt zu feiern.

Diese historische Grundlage für ein künftiges Innenstadtfest wurde aber in der Folgezeit nicht mehr berücksichtigt. Im November 1980 gab es eine Grundsatzdiskussion im Stadtvorstand der Stadt Trier, und bereits am 10. März 1981 behandelte der Trierer Stadtrat die Neukonzeption der Trierer Feste. Festgelegt wurde, dass das Moselfest in Zurlauben vom 12. bis 15. Juni 1981 und das Innenstadtfest, das jetzt erstmals „Altstadtfest“ genannt wurde, vom 4. bis 6. September 1981 stattfinden sollten. In dieser Neukonzeption der Trierer Feste wurden auch die Trierer

[5] Zenz:, Emil: *„Chronik der Stadt Trier. 2000 Jahre in Daten, Berichten, Bildern“.* Trier 1985, S. 58.

Blumentage[6], die im Nells Park von den Trierer Gärtnern veranstaltet wurden, und das Trierer Weinfest im Stadtteil Olewig aufgeführt.

Mit der Festlegung des neuen Altstadtfestes auf die Zeit vom 4. bis 6. September 1981 hatte man sich bei der Stadt ein ehrgeiziges Ziel gesetzt. Immerhin war der Stadtratsbeschluss erst am 10. März 1981 erfolgt. Es verblieb nicht sehr viel Zeit; das erste Altstadtfest wurde 1981 praktisch aus dem Stand heraus vorbereitet und durchgeführt. Bereits im März 1981 gab es erste Gespräche mit möglichen Beteiligten. Den Trierer Schützen, die im „alten" Moselfest ihren Standort im Schießgraben hatten, wurde der Kornmarkt angeboten. Die Olewiger Winzer sollten in Zukunft ihr Weinangebot auf dem Hauptmarkt präsentieren. Es zeigte sich in den Gesprächen eine sehr positive Resonanz. Kreativität und Spontaneität bestimmten die Zusammenkünfte. Es wurde deutlich: Bereits 1981 gab es gute Voraussetzungen das erste Altstadtfest zu einem Erfolg werden zu lassen. Natürlich gab es auch Bedenkenträger. Die Innenstadt als Festplatz zu nutzen, war gewöhnungsbedürftig.

Es gab aber eine breite Zustimmung. Gerade die Trierer Innenstadt, so wurde betont, biete ein gutes Umfeld für die Begegnung der Bürgerinnen und Bürger und der Gäste der Stadt. Im Mittelpunkt der Überlegungen stand auch eine Förderung des Fremdenverkehrs. Der für die Neukonzeption der Feste zuständige Beigeordnete Helmut Schröer wird in der Trierer Presse zitiert: „Es gebe in der Umgebung Triers Feste, die viele Gäste aus dem In- und Ausland anziehen. Das erfordere eine gewisse Qualität, ‚Wir haben hier in den letzten Jahren entscheidende Fortschritte erreicht. Aber es ist noch einiges zu tun. Die Neuorganisation der Trierer Feste soll ein weiterer Schritt zur Attraktivitätssteigerung sein.'"

Als Termin für das erste Altstadtfest wurde das erste Wochenende im September 1981 festgesetzt. In der Diskussion wurde von Anfang an überlegt, einen Zusammenhang zwischen dem neuen Altstadtfest und der traditionellen „Peter-und-Paul-Messe" im Juni herzustellen. 1981 wäre aber das Altstadtfest in die Ferien gefallen. Aber schon in der Sitzung des Stadtrates hieß es, eine Anbindung des Altstadtfestes mit der Messe sei möglich und solle auch angestrebt werden. Dieses Ziel war auch deshalb sinnvoll, weil im September eines jeden Jahres traditionell Stadtteilfeste den Festekalender in Trier bestimmten (Kürenz, Pfalzel,

[6] *Von 1969 bis 1994 wurden die „Trierer Blumentage" jährlich von den Trierer Gärtnern durchgeführt. Diese attraktive Veranstaltung im Nells Park sollte an die Bedeutung der Blumen- und Rosenstadt Trier erinnern. Ab 1994 bis 1998 fanden die Blumentage nur noch alle zwei Jahre statt, vom 3. Juli bis 6. Juli 1998 fand das 28. große Trierer Parkfest wieder im Nells Park statt. Infolge der erheblichen finanziellen Belastung mussten die Trierer Gärtner ihr beachtliches Engagement nach dieser Veranstaltung beenden.*

Heiligkreuz, Mariahof). Das neue Altstadtfest hätte eine erhebliche Konkurrenz bedeutet. In der Tat wurde dann das zweite Altstadtfest 1982 zusammen mit der „Peter-und-Paul-Messe", also Ende Juni, durchgeführt.

Die positive Grundstimmung vor dem ersten Altstadtfest wurde durch werbliche Maßnahmen erheblich gefördert. So wurde der Bänkelsänger, der auf einem großen Plakat zeigte, was Trier während der Festtage zu bieten hat, zum Symbol des Festes. Auf dem Plakat hieß es: „Vom 4. bis 6. September spielt und tanzt, schießt und schmaust, freut und amüsiert sich Alt und Jung zwischen Porta Nigra und Heuschreckbrunnen." Für die Werbung und die Organisation war das Fremdenverkehrsamt der Stadt Trier zuständig. Ein 10-seitiges Programm diente als Wegweiser durch die über einhundert Veranstaltungen im Festbereich. Finanziell war das erste Altstadtfest unproblematisch. Finanzielle Mittel für Werbung und die organisatorische Maßnahmen kamen aus einem Spendentopf. Einen wichtigen Beitrag leisteten auch die mitveranstaltenden Anlieger. Die Gesamtverantwortung für das Fest hatte die Stadt Trier. Sie hatte aber den Arbeitsgemeinschaften der beteiligten Straßen die Verantwortung für den jeweiligen Veranstaltungsbereich übertragen. Natürlich wurden auch die Rahmenbedingungen für das Innenstadtfest optimiert. Um eine gute Feststimmung zu gewährleisten, fuhren die städtischen Linienbusse während der Festtage nicht durch die Fußgängerzone. 1981 waren die städtischen Linienbusse noch die „dicksten Fußgänger." Sie fuhren im Schritttempo durch die Fußgängerzone. Ihr fortwährendes Bimmeln gehörte zur Trierer Innenstadt-Atmosphäre.[7] Außerdem blieben die Parkhäuser länger geöffnet, und die Polizeistunde wurde verlängert.

Am Eröffnungstag des ersten Altstadtfestes am 4. September 1981 war strahlender Sonnenschein. Wieder einmal erwies sich Petrus als ein echter Trierer. Und so war es selbstverständlich, dass nach der Eröffnung des Festes durch Oberbürgermeister Felix Zimmermann Petrus, der den Trierer Hauptmarkt auf seinem Brunnen überragt, ein Blumenstrauß über eine Feuerwehrleiter überreicht wurde. Dies war ein spektakulärer Auftakt. Im Trierischen Volksfreund konnte man lesen: „Einen prachtvollen Auftakt hatte gestern das erstmals veranstaltete Trierer Altstadtfest. Bei strahlendem Sonnenschein – der Trierer Stadtpatron Petrus hatte wohl seinen Segen zum großen Fest gegeben – eröffnete Oberbürgermeister Felix Zimmermann vor „Milliunen" Leuten auf dem Hauptmarkt das

[7] *Seit 1. Mai 1984 trägt die Trierer Fußgängerzone zu Recht ihren Namen: Um 14.00 Uhr fuhr an diesem Tag der Stadtbus zur letzten Fahrt durch die Innenstadt. Ab diesem Zeitpunkt wurden die Busse der städtischen Verkehrsbetriebe über die neu geschaffene West- und Ost-Trasse geführt.*

Altstadtfest in der Simeonstraße: Gedränge

dreitägige Spektakel und wünschte den Trierern und ihren Gästen fröhliche und unbeschwerte Stunden in Triers „guter Stube", der Altstadt.

Höhepunkt der Eröffnung, bei der auch die Trierer Rosenkönigin Christine I. und die Stadtgarde Augusta Treverorum mitwirkten, war der „steile Aufstieg" des Beigeordneten Helmut Schröer, der, kurz zuvor vom Oberbürgermeister zum Altstadtfestdezernenten ernannt, über eine Feuerwehrleiter zum Stadtpatron Petrus kletterte, um ihn mit dem Blumenstrauß der Trierer Gärtner zu schmücken."[8]

Das erste Altstadtfest war ein voller Erfolg. Die große Besucherresonanz übertraf alle Erwartungen. Diese gelungene Premiere setzte neue Maßstäbe. Darin waren sich alle Beteiligten einig, und schon bald begannen die Vorbereitungen für das zweite Fest, das diesmal in Verbindung mit der Peter-und-Paul-Messe vom 25. bis 27. Juni 1982 stattfinden sollte.

[8] *Trierischer Volksfreund vom 5./6. September 1981: „Eröffnung des Altstadtfestes bei strahlendem Sonnenschein und bevölkerter Fußgängerzone".*

Bewährt hatte sich die Zusammenarbeit mit den Arbeitsgemeinschaften der beteiligten Straßen und den Mitveranstaltern, den Trierer Schützen und der Vereinigung der Trier-Olewiger Winzer. Die Verantwortlichen der beteiligten Straßen zeichneten nicht nur für das Programm verantwortlich, sie vergaben auch die Stände für Speisen und Getränke. Diese Delegation der Verantwortung hatte für die Gesamtorganisation dieses großen Festes Vorteile. Nachteilig war allerdings eine fehlende Abstimmung bei der Standvergabe. Das betraf sicher auch das Angebot. Gäste der Stadt wunderten sich, dass Trier statt einer Weinstadt eine Bierstadt war. Die Anzahl der Stände war schon 1981 ein Problem, das aber von Jahr zu Jahr größer wurde. Bei der Standvergabe wurden sehr oft Trierer Vereine berücksichtigt. Für sie waren die Einnahmen während des Altstadtfestes eine gesicherte Basis für den Haushalt des Vereins. Für das Stadtfest waren die Auswirkungen nicht immer optimal. Natürlich mussten ausreichend Speisen und Getränke angeboten werden. Das Fest sollte aber mehr als nur Essen und Trinken sein. Hinzu kam eine räumliche Enge, die sich auch aufgrund des großen Besucherandrangs in den folgenden Jahren zu einem Sicherheitsproblem ausweitete. In einem Kommentar im Anschluss an das 3. Altstadtfest im Jahre 1983 hieß es dazu im Trierischen Volksfreund: „Das muss nach den Erfahrungen mit dem Gedränge von 1982 und erst recht in diesem Jahr mit dieser Deutlichkeit gesagt werden, ohne gleich ein Unheil heraufbeschwören zu wollen. Die Veranstalter werden vor dem nächsten Fest ernsthaft darüber nachdenken müssen, wie sie dieses Problem lösen. Einige Stände weniger an den neuralgischen Punkten tun dem Fest mit Sicherheit keinen Abbruch. Im Gegenteil.“[9]

Schon im Jahre 1982 war eine Altstadtfestordnung erstellt worden. In ihr waren die Rahmenbedingungen festgelegt worden. Die Zuständigkeiten, der Festbereich, die Standvergabe, die Rechte und Pflichten der Standbetreiber waren in dieser Verordnung enthalten. Aufgrund der ersten Erfahrungen wurde diese Verordnung im März 1985 fortgeschrieben und dem Haupt- und Finanzausschuss des Stadtrates zur Kenntnis vorgelegt. Zur Frage der Standvergabe hieß es dort: „Anzahl und Größe und Art der Stände werden für die einzelnen Straßenzüge und Plätze des Festbereichs durch die Veranstalterin in Zusammenarbeit mit den Mitveranstaltern und im Einvernehmen mit Feuerwehr sowie Polizei verbindlich festgelegt.“[10]

---

[9] *Trierischer Volksfreund vom 29. Juni 1983: „Nachbetrachtung“ (Kommentar Norbert Kohler).*
[10] *Drucksache 99/85 für den Haupt- und Finanzausschuss vom 21. März 1985.*

Sonnenschein bestimmte das erste Altstadtfest im Jahre 1981. Deshalb wurde ein Provisorium nicht deutlich: Es fehlte auf dem Hauptmarkt eine qualifizierte Veranstaltungsbühne. In der Mitte des Hauptmarkts war für den Anlass ein Podium zusammengebaut worden. 1982 wurde ein neues Podium eingesetzt. Allerdings war diese Bühne noch nicht überdacht. Das regnerische Wetter an allen drei Festtagen Ende Juni 1982 beeinträchtigte aber nicht den Erfolg des Festes. Ein Zeltdach für die Bühne auf dem Hauptmarkt wurde erst 1983 angeschafft. Die Veranstaltungen auf dem Hauptmarkt wurden so wetterunabhängig.

Die Erfahrungen mit dem ersten Fest lehrten auch, im Programm noch mehr Angebote für Kinder zu berücksichtigen. Für 1982 wurden deshalb am Sonntagvormittag besondere Aktivitäten für Kinder angeboten. In den späteren Jahren veranstalteten die Pädagogik-Studenten der Universität Trier ein Kinderfest am Frankenturm, das von Beginn an von den Kindern sehr gute besucht wurde. 1987 kamen „über 800 Kinder mit ihren Eltern" zu diesem großen Kinderfest. „,Unser Ziel ist es, die Kinder nicht passiv zu berieseln, sondern aktiv spielen zu lassen', betonte Dr. Pfeifer von der Universität Trier. ‚Die Kinder sollen kreativ und phantasievoll sein. Konkurrenzdenken ist nicht gefragt[11]!'"

Kinderfest am Frankenturm

Sehr gut ergänzten sich 1982 das Altstadtfest und die Peter-und-Paul-Messe auf dem Viehmarktplatz mit ihren zahlreichen Attraktionen. Zwischen den beiden Veranstaltungen pendelte immer ein reger Besucherstrom. Der Viehmarktplatz war für viele Besucher der Start- und Abschlusspunkt eines kurzweiligen Besuches in der Trierer Innenstadt. Allerdings stand der Viehmarkt ab 1988 eine Zeitlang nicht mehr als Platz für die Peter-und-Paul-Messe zur Verfügung. Die Gestaltung des Viehmarktes stand auf der kommunalpolitischen Tagesordnung. Anfang November 1987 wurden die Triererinnen und Trierer darüber informiert, dass mit dem Erdaushub für die Baugrube am Viehmarkt begonnen worden sei. In der Folgezeit wurde die „Maßnahme Viehmarkt" zu einer unendlichen

[11] *Trierischer Volksfreund vom 23. Juni 1984: „Wo Bälle und Mohrenköpfe durch die Luft flogen".*

Altstadtfesteröffnung auf dem Hauptmarkt: 1983

Geschichte.[12] Erst 1997 konnte der Oberbürgermeister zur Eröffnung der Peter-und-Paul-Messe auf dem neugestalteten Viehmarkt einladen. „Vor zehn Jahren hatte dort zum letzten Mal eine Peter-und-Paul-Messe stattgefunden. Kurz darauf waren die Bagger angerückt und hatten die zehnjährige Ära des großen Loches von Trier eröffnet. In dieser Zeit waren die Peter-und-Paul-Messe und ihre herbstliche Schwester, die Allerheiligen-Messe, in den engen Bereich der Rindertanzstraße verbannt gewesen."[13]

Die Steigerung der Attraktivität des großen Festes in der Innenstadt war immer wieder ein Thema der Veranstalter. Und so wurden in fast jedem Jahr neue Veranstaltungen Teil des Gesamtprogramms. 1984 wurde der Trierer Stadtlauf erstmals im Rahmen der 2000-Jahr-Feier der Stadt Trier ausgetragen. Die Federführung dieses großen Sportereignisses, das sich als ein sehr attraktiver Teil des Altstadtfestes entwickelte, lag zunächst beim Stadtverband für Leibesübungen. Start war 1984 im Amphitheater, Zieleinlauf war an der Porta Nigra. Zunehmend

[12] *Vgl. dazu: Schröer, Helmut: „Trierer Weichenstellungen. Ein Beitrag zur jüngeren Stadtgeschichte", a.a.O., S. 61ff.*

[13] *Trierischer Volksfreund vom 22./23. Juni 1996: „Der Trierer OB im Eröffnungsstress – Peter-und-Paul-Messe nach zehn Jahren wieder auf dem Viehmarkt".*

meldeten sich auch Trierer Vereine und Institutionen, um Beiträge für das Programm zu liefern. Auf dem Basilika-Vorplatz luden die Tanzkreise der Stadt Trier ab 1986 zum Seniorentanzen ein. Und der Verein Trierisch sorgte dafür, dass die Mundart auch ein Teil des Festes wurde. Treffpunkt der Mundartfreunde war der Innenhof des Restaurants „Domstein".

Zu einem Highlight besonderer Art entwickelte sich ab 1985 „Swingin' Trier". Am Sonntag bot das Altstadtfest in der Innenstadt einen Jazz-Schwerpunkt. An verschiedenen Stellen der Innenstadt präsentierten sich heimische Jazz-Formationen. Die wertvolle Anregung zu diesem musikalischen Höhepunkt hatten die Trierer in der niederländischen Partnerstadt Herzogenbusch erhalten. Das dortige Jazz-Festival „Jazz in Duketown" hatte sich innerhalb weniger Jahre zu einem großen internationalen Festival entwickelt. Natürlich konnte dieses Jazz-Fest nicht nachgeahmt werden. Aber in Trier wurde Jazzmusik ein weiterer musikalischer Mosaikstein im Altstadtfestprogramm, der die Veranstaltung bereicherte. Der Zuspruch der Jazzfans zu diesen Konzerten bestätigte diese Einschätzung.

Die Trierer Partnerstädte waren seit Mitte der 80er Jahre regelmäßig im Programm des Altstadtfestes vertreten. Wenn Freunde feierten, dann wollten sie mitfeiern. Ein Schwerpunkt ergab sich 1988. Im Jahre 1987 wurden die Partnerschaften mit Weimar, damals noch DDR, und Fort Worth in Texas begründet. Und es war fast selbstverständlich, dass sich diese Partnerstädte auf dem Altstadtfest präsentierten. Der Auftritt von zwei Musikgruppen aus der thüringischen Partnerstadt, einer Jazzformation und einem Folk-Rock-Ensemble, fand besondere Beachtung. Dieser bemerkenswerte Auftritt von zwei Bands aus der ehemaligen DDR war vor dem Fall der Mauer so selbstverständlich nicht.

Das Altstadtfest 1988 stand auch im Zeichen der Gäste aus Texas. Eine große Gruppe aus Fort Worth mit Bürgermeister Bob Bolen an der Spitze war bereits einige Tage vorher angereist. Am 23. Juni 1988, einem Donnerstag, war in einer festlichen Sitzung des Trierer Stadtrates die Urkunde als Zeichen der Städtepartnerschaft unterzeichnet worden. Und selbstverständlich nutzten die Gäste den Aufenthalt in ihrer neuen Partnerstadt, um ab Freitag das große Stadtfest mitzufeiern. In ihrem „Texas Outfit" waren die Freundinnen und Freunde während der drei Festtage beliebte Gäste und ein sehr häufig gesuchtes Fotomotiv.

In der Altstadtfestordnung war der Festbereich festgeschrieben. Er wurde immer wieder überprüft. Insbesondere gab es oft Anträge, diesen Bereich auszuweiten. Weitere Straßen der Innenstadt meldeten ihr Interesse an. Dies war natürlich verständlich, weil viele an dem Erfolg des Trierer Stadtfestes beteiligt sein wollten. Zeitweise wurde ein Teil der Neustraße eingebunden. Ab 1997 wurde

Der Domfreihof wurde Teil des Altstadtfestes (1998)

der Domfreihof ein attraktiver Veranstaltungsplatz. Auch um die Gestaltung des Domfreihofs hatte es in Trier intensive Diskussionen gegeben, und es war nach dem Grundsatzbeschluss des Stadtrates am 22. Juli 1992 zu harten Auseinandersetzungen gekommen. Am 29. März 1996 wurde der umgestaltete Domfreihof von Bischof Dr. Hermann Josef Spital und Oberbürgermeister Helmut Schröer eingeweiht und seiner Bestimmung übergeben. „Nun müssen die Bürger entscheiden", hieß es in der Trierer Presse.[14] Der Domfreihof solle ein neues Zentrum des städtischen Lebens werden. Im Jahre 1996 bestand der Domfreihof vom 19. April 1996 bis zum 16. Mai 1996 seine erste große Bewährungsprobe. Während der Heilig-Rock-Wallfahrt wurde er zu einer wichtigen Begegnungsstätte der Pilger aus der ganzen Welt. Im Jahre 1998 wurde der Domfreihof Teil des Festbereiches des Trierer Innenstadtfestes; allerdings unter strengen Auflagen. Aufgrund des Umfeldes wurden besondere Anforderungen an die Programmqualität gestellt. Schon bald entwickelte sich der umgestaltete Platz zu einem besonderen Zuschauermagneten.

[14] Trierischer Volksfreund vom 30./31. März 1996: „Nun müssen die Bürger entscheiden".

Seit 1981 ist das Altstadtfest, praktisch „aus dem Stand heraus" geschaffen, das größte Trierer Fest. 1984, im Jahr der 2000-Jahr-Feier" lockte das dreitägige Fest nach Schätzungen der Polizei fast 200.000 Besucher in die Stadt. Über die Jahre, bis weit über das Jahr 2000 hinaus, stand das Thema „Programmqualität" immer wieder im Mittelpunkt. Manöverkritik nach den Veranstaltungen war selbstverständlich; denn es war allen bewusst, dass es keinen Stillstand geben durfte. Das Altstadtfest Trier lebt, was seine Attraktivität angeht, auch von besonderen Angeboten für alle Teile der Bevölkerung. Die Trierer Innenstadt, die gute Stube der Stadt Trier, lässt ein Normalprogramm nicht zu.[15]

Das Altstadtfest Trier ist inzwischen auch ein wichtiger Teil der Fremdenverkehrswerbung der Stadt Trier. Die Tourismus und Marketing GmbH warb im Jahre 2019 mit einem eigenen Internetauftritt für das Fest: „Es gibt Termine im Jahr, die man nicht verpasst. Man muss sie sich nicht im Kalender notieren, denn man weiß, wann sie sind. Man muss seine Freunde nicht fragen, ob sie auch hingehen, denn das versteht sich von selbst. Man bricht nie mit der Tradition, die da heißt: ich bin immer dabei. Und wenn alles vorbei ist, weiß man: nächstes Jahr wieder …

Jedes Jahr setzt das Altstadtfest an drei Tagen rund 100.000 Menschen auf der Achse zwischen Porta und Viehmarkt in Bewegung. Mit hunderten Musikern auf fünf Haupt- und weiteren kleinen Bühnen, mit abwechslungsreicher Livemusik von Jazz- und Bigbands über Swing und Schlager bis Rock und Pop, mit weit über 100 Genussständen entlang der Festmeile ist das Altstadtfest im Open Air-Kalender ein Event der Superlative und der Höhepunkt des Sommers. Keine andere Veranstaltung in unserer Region zeigt so viele verschiedene Musikhighlights in so kurzer Zeit und übt eine derartige Anziehungskraft aus."[16]

[15] *In seiner Sitzung im Januar 2010 (Vorlage 015/2010) beschloss der Steuerungsausschuss des Trierer Stadtrates, die Gesamtorganisation auf die Stadtverwaltung Trier zu übertragen. Die Mitarbeit der Arbeitsgemeinschaften der beteiligten Straßen wurde damit einvernehmlich beendet. Vor allem die kulturelle Gesamtplanung, die ein differenziertes und alle Generationen umfassendes Gesamtangebot vorsieht, ein neues Sicherheitskonzept und neue Kommunikationsstrukturen waren die Gründe für diese neue Organisationsform. Ziel bleibt die „kontinuierliche Weiterentwicklung" des Festes.*

[16] *https://www.Trier-info/highlights/altstadtfest*

TRIER

TRIER

09 // 1995: Ein neues Logo für Trier

Zunächst heftig kritisiert – dann akzeptiert

Die Reaktionen in Veröffentlichungen über Trier und in der Trierer Presse waren mehr als eindeutig: „Die Stadt stellt ihr neues ‚Logo' vor. Dem Chronisten kommt die stilisierte Porta Nigra wie eine leere Eisenbettstelle vor, und die beiden Durchgänge erinnern an das Logo von McDonald's."[1] So äußerte sich der Verfasser der Stadttrierischen Chronik, Adolf Heuser, einige Monate nachdem die Stadt Trier am 11. Oktober 1995 in der Presse ein neues Logo der Stadt Trier vorgestellt hatte. Die Zeit seit dieser Pressekonferenz hatte nicht gereicht, die Erregung in der Stadt Trier abzubauen.

Unmittelbar nach der Vorstellung in der Presse hatte es im Oktober 1995 bereits eine Diskussion gegeben. Zahlreiche Leserbriefe bewerteten das Projekt ‚Neues Logo'. Die Ablehnung überwog deutlich. „Nein, sympathisch und freundlich ist dieses Logo nicht. Es ist eine schnodderige Verhöhnung unseres ehrwürdigen Wahrzeichens. Ein Wahrzeichen, welches als das schönste und am besten erhaltene römische Bauwerk nördlich der Alpen eingestuft wird, darf mit diesem Logo nicht über die Grenzen unserer Stadt hinaus diskriminiert werden."[2] In einer Kolumne in der Trierer Tageszeitung, dem ‚Trierer Stadtgespräch', hieß es: „Das Ding ist Lichtjahre entfernt vom braven Stempel-Petrus, der seit 20 Jahren die Prospekttitel zierte … Und noch eine Frage: Will das jüngste Produkt aus der Rathaus Denkfabrik dem Betrachter etwas mitteilen? Natürlich will es! So wird zunächst einmal die Leichtigkeit des Seins durch zehn lockere Pinselstriche betont. Ganz nach dem Motto: Nimm's leicht, nimm Trier!"[3]

Am 19. Oktober 1995 startete der Trierische Volksfreund in der Trierer Fußgängerzone eine Umfrage, um „festzustellen, wie denn das neue Wiedererkennungszeichen für die altehrwürdige Römerstadt bei den Bürgern ankommt."[4] Die Meinungen waren durchaus geteilt. Ergänzt wurde der Zeitungsartikel durch eine Karikatur:

[1] Stadttrierische Chronik 1995. In: Kurtrierisches Jahrbuch 1996, Trier 1996, S. 345.
[2] Trierischer Volksfreund vom 18. Oktober 1995 (Leserbrief).
[3] Trierischer Volksfreund vom 21./22. Oktober 1995 (Kolumne).
[4] Trierischer Volksfreund vom 19. Oktober 1995: „Neues Logo: Von „zu modern" bis „ziemlich farblos".

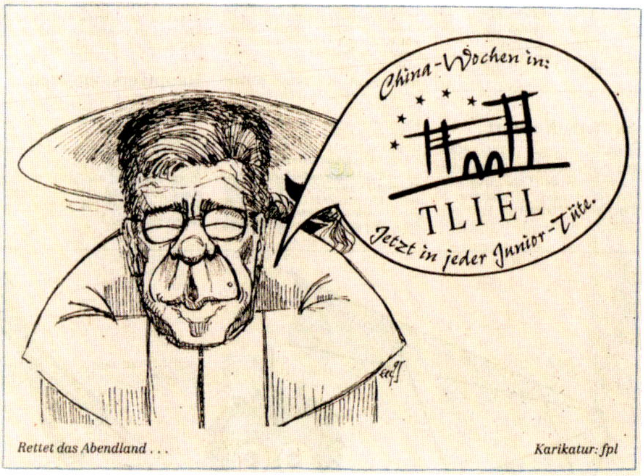

Rettet das Abendland . . . Karikatur: fpl

Karikatur: neues Logo für Trier

In der Diskussion meldeten sich auch die Trierer Grünen und wiesen auf eine „gewisse Ähnlichkeit“ mit dem von ihnen entwickelten Erkennungssymbol in Trier hin. Trier hatte über mehrere Wochen ein Thema. Ausgangspunkt war die bereits erwähnte Pressekonferenz des Trierer Oberbürgermeisters am 11. Oktober 1995: „Premiere im Trierer Rathaus: Star war keine Politgröße, sondern das neue Stadt-Logo. Mit dem Signet will sich die Stadt nach außen in einem neuen, moderneren Licht präsentieren.“[5]

Das neue Logo war ein Ergebnis einer Diskussion um ein Stadtmarketing-Konzept, die 1992 begonnen hatte. „Stadtmarketing“ ist ein schwieriger Begriff, der oft missverstanden wird. So war auch in Trier das Missverständnis schnell auf der Tagesordnung. „Jetzt fangen die im Rathaus wieder an, Werbung zu machen“, hörte man 1992 zu Beginn des Projektes immer wieder. Es war aber natürlich nicht das Ziel, ein neues Werbekonzept für die Stadt Trier zu erstellen. Erfolgreiche Werbung gelingt nachhaltig nur dann, wenn das Produkt stimmt. Auf das Stadtmarketing der Stadt Trier übertragen, lautete deshalb die Frage: Was muss getan werden, damit das „Produkt Trier“ in Zukunft wettbewerbsfähig ist? Als in den ersten Diskussionen von dem „Produkt Stadt Trier“ gesprochen wurde, gab es weitere Diskussionen. Konnte man die Stadt Trier, die älteste deutsche Stadt, als ein Produkt bezeichnen? Zahlreiche Trierer fühlten ihre geliebte Stadt unterwertig dargestellt. Aber im Stadtmarketing betrachtet man die Stadt wie ein Produkt. Und dieses „Produkt Stadt“ soll attraktiv sein.

Schon im Jahr 1992 hatten sich Studentinnen und Studenten des Fachbereichs Design I/Kommunikationsdesign der Fachhochschule Trier im Rahmen ihres Studiums die Aufgabe gestellt, ein Logo für die Stadt Trier zu entwerfen. Dabei sollten eventuell historische, geografische und kulturelle Besonderheiten der Stadt Berücksichtigung finden. Das Ergebnis war erfreulich. Die Vorschläge waren

[5] *Trierischer Volksfreund vom 11. Oktober 1995: „Freundlich und modern“.*

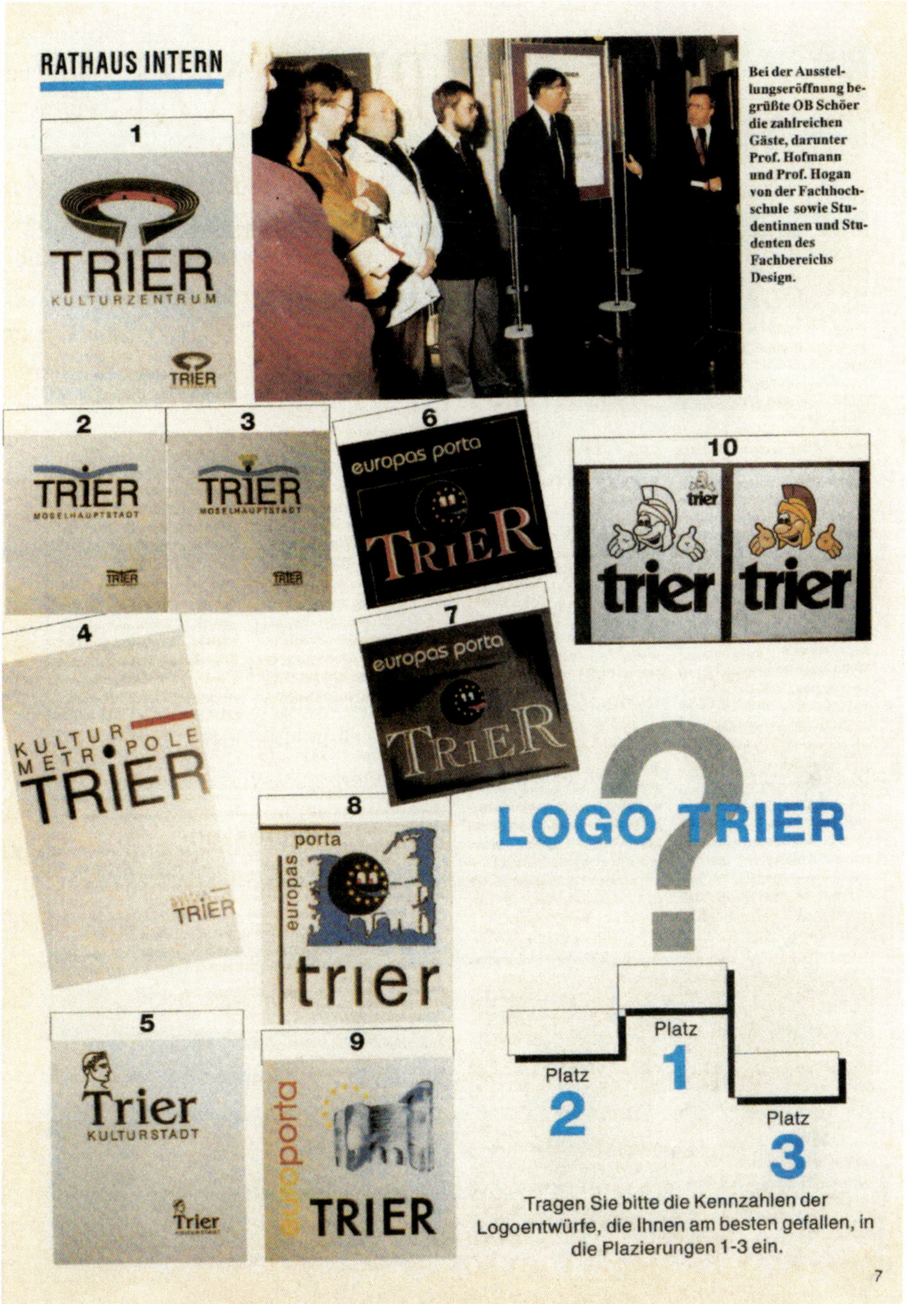

RATHAUS INTERN

Bei der Ausstellungseröffnung begrüßte OB Schöer die zahlreichen Gäste, darunter Prof. Hofmann und Prof. Hogan von der Fachhochschule sowie Studentinnen und Studenten des Fachbereichs Design.

1 TRIER KULTURZENTRUM

2 TRIER MOSELHAUPTSTADT

3 TRIER MOSELHAUPTSTADT

4 KULTUR METROPOLE TRIER

5 Trier KULTURSTADT

6 europas porta TRIER

7 europas porta TRIER

8 europas porta trier

9 europorta TRIER

10 trier trier

LOGO TRIER

Platz 2 · Platz 1 · Platz 3

Tragen Sie bitte die Kennzahlen der Logoentwürfe, die Ihnen am besten gefallen, in die Plazierungen 1-3 ein.

7

Semesterarbeit in der Fachhochschule (1992)

originell, aussagekräftig, einprägsam, freundlich und wurden in einer kleinen Ausstellung im Rathaus präsentiert. Die Besucher konnten die Arbeiten im Rahmen eines kleinen Wettbewerbs bewerten.

Warum aber gerade zu Beginn der 90er Jahre eine solche „Logo-Diskussion?" Das kommunale Leben ist sehr vielgestaltig. Im Dschungel der täglichen Sachfragen, der zahlreichen Entscheidungen sind Wegmarken, an denen man sich orientieren kann, hilfreich. Es besteht sonst die Gefahr einer „Politik der Eintagsfliegen".[6] Man verliert sich in Einzelheiten; ein Gesamtkonzept ist nicht sichtbar. In Zeiten, in denen sich die Städte in einem zunehmenden Wettbewerb befinden, wäre eine solche Haltung sehr gefährlich. Als eine europäische Stadt, also als Stadt in einem europäischen Großraum, erfährt die Stadt Trier diese Wettbewerbssituation tagtäglich. Deshalb muss sie sich verstärkt um Zielgruppen als Wirtschaftsstandort, als Lebensraum zum Wohnen, Arbeiten, Studieren, Einkaufen, zur Freizeitgestaltung und als Erholungsgebiet bemühen. Wenn man sich nur auf Werbung beschränkt, wenn das „Produkt Stadt Trier" nicht stimmt, wird man in diesem Wettbewerb unterliegen.

In den 90er Jahren bestimmten zahlreiche Rahmenbedingungen die Entwicklungen der Städte. Die fortschreitende europäische Integration, die deutsche Einheit, die Öffnung Osteuropas, wirtschaftliche Konjunktur- und Strukturkrisen – diese Rahmenbedingungen blieben auch in Trier nicht ohne Folgen. Trier ist keine Insel. Sehr deutlich wurde dies an der militärischen Konversion, mit ihren Auswirkungen auf den Arbeitsmarkt, die Flächensituation in der Stadt Trier, auf die Stadtentwicklung insgesamt. Hinzu kamen zusätzlich, auch in Trier, die Finanzprobleme. Trier war in den letzten Jahrzehnten noch nie eine reiche Stadt. Die schwierige Haushaltssituation schränkte auf allen Ebenen die Gestaltungsfähigkeit der Stadt ein; dies bei gleichzeitig wachsenden Anforderungen.

Wie kommt man zu einem Zukunftskonzept für eine Stadt? Zu einer fundierten Antwort kommt man, wenn man zunächst die Frage beantwortet: Wer ist die Stadt? Geprägt wird die Qualität einer Stadt von der Identifikation der Bürgerinnen und Bürger mit der städtischen Gemeinschaft. Man kann zwischen Einwohnern und Bürgern einer Stadt unterscheiden. Einwohner tauchen in Statistiken auf. Ihre Leistung für eine Stadt besteht vor allem darin, dass sie ihre Steuern bezahlen. Bürger engagieren sich darüber hinaus, bringen sich in die Stadt ein. Sie machen letztlich die Stadt aus. Die Stadt, das sind nicht nur einige wenige im Rathaus. Die Stadt – das sind alle Bürgerinnen und Bürger.

[6] *Vgl. dazu: Schröer, Helmut : „Trierer Weichenstellungen – Ein Beitrag zur jüngeren Stadtgeschichte, a.a.O., S. 11ff.*

Wenn also ein Zukunftsprojekt für eine Stadt erarbeitet werden soll, wenn eine Stadtmarketingdiskussion stattfinden soll, dann ist dies nicht nur eine Aufgabe für einige wenige Akteure im Rathaus, sondern eine Aufforderung an alle städtischen Akteure in den Verbänden, Institutionen und Vereinen, letztlich an alle Bürger und Bürgerinnen der Stadt.

In einer Sitzung des Stadtentwicklungsausschusses am 7. März 1991 wurden die Mitglieder des Stadtrates über die Arbeit im Rahmen des Stadtmarketingprojektes informiert. Stadtmarketing sei mehr als Stadtwerbung. Die Ziele der zukünftigen Stadtentwicklung in den verschiedenen Bereichen des städtischen Lebens würden diskutiert und aufgezeigt. Am Ende der Diskussion ständen Ideen und Vorschläge, die dann in konkretes politisches Handeln umgesetzt werden könnten. Nach einer ersten Zusammenkunft aller Beteiligten wurden sechs verschiedene Arbeitsgruppen festgelegt. Die Ergebnisse der einzelnen Arbeitsgruppen wurden dann allen Beteiligten in einem „Forum" (Zukunftswerkstatt) vorgestellt und erläutert. Es zeigte sich in der Diskussion sehr schnell, dass es in dem stärker werdenden Wettbewerb der Städte entscheidend sein wird, sich als Stadt Trier zu profilieren, sich auf für die Stadt Trier wichtigen Merkmale zu konzentrieren und die Unterschiede zu anderen Städten deutlich zu machen (Alleinstellungsmerkmale).

Das Ergebnis der Diskussionen in der Zukunftswerkstatt waren sechs Leitbilder. Es wurde sehr deutlich, dass es nicht gelingen konnte, ein konkretes Leitbild, das alle Bereiche der Stadt Trier in ihrer zukünftigen Entwicklung umfasste, zu formulieren. Die Versuche scheiterten. Meistens waren die Aussagen so allgemein, dass sie wieder nichtssagend waren. Zumal auch eine Rahmenkonzeption für die Gesamtstadt entwickelt werden sollte. Herausgestellt werden sollten die Schwerpunkte der zukünftigen Entwicklung der Stadt Trier. Erarbeitet werden sollte ein Konzept für eine ganzheitliche Politik, welches das „Gesamtprodukt Trier" darstellen müsse und als städtische „Zukunftsvorsorge" zu verstehen sei.

Folgende Leitbilder wurden in der „Zukunftswerkstatt" erarbeitet:

- Trier, die europäische Stadt
- Trier, die Stadt der erlebbaren Geschichte und Kultur
- Trier, die Stadt der Kooperationen
- Trier, die „gesunde" Stadt
- Trier, die Stadt mit leistungsorientierter und bürgernaher Verwaltung
- Trier, die Stadt des engagierten Bürgers.

An diesem Punkt des Verfahrens wurde dann auch die Frage gestellt, wie man diese Ergebnisse der Stadtmarketingdiskussion überzeugend nach außen darstellen könnte. Natürlich auch „in die Stadt hinein“, um das „Wir-Gefühl“ zu stärken. Es musste aber auch die Außendarstellung aufgrund der erarbeiteten Leitbilder weiterentwickelt werden.

Die Stadt Trier schrieb im Frühjahr 1994 einen Wettbewerb aus. Die Aufgabe war, für die in den Arbeitsgruppen erarbeitete Gesamtkonzeption Marketing-Maßnahmen vorzuschlagen. Fünf Agenturen reichten daraufhin Vorschläge ein. Auf Vorschlag einer Expertengruppe, welche die Entwürfe der einzelnen Agenturen gesichtet und bewertet hatte, wurde dann die damalige Trierer Agentur Dietz & Partner mit der weiteren Bearbeitung beauftragt. Als ein Ergebnis ihrer Arbeit legte die Agentur zwanzig verschiedene Logovarianten vor, die im weiteren Verfahren auf drei Entwürfe reduziert wurden.

Der endgültige Entwurf wurde von Dietz & Partner beschrieben: „Die Diskussion wurde grundsätzlich von der Vorstellung geleitet, mittels eines neuen Logos visuell einen etwas moderneren Auftritt der Stadt Trier zu ermöglichen. Dies wird durch die lockere, schematische Darstellung des baulich etwas ‚schwerfälligen‘ Trierer Wahrzeichens, der Porta Nigra, gewährleistet.

Die beabsichtigte Kombination zwischen Geschichte und Modernität der Stadt kommt darüber hinaus (neben der durch Sterne angedeuteten europäischen Stilisierung der Porta) durch die gewählte Trajan-Schriftvariante zum Ausdruck, die einen bewussten Kontrast zwischen der Porta-Umsetzung und dem Schriftzug ‚Trier‘ darstellt. Die Schrift baut auf der Original römischen ‚Capitalis‘ auf. Es ist eine langlebige und trotzdem elegante Schrift, die in ihrem Erscheinungsbild nicht altmodisch wirkt. Die farbige Variante des neuen Logos, das keineswegs gänzlich das traditionelle Petrus-Wappen ersetzen will, ist in den Stadtfarben rot-gelb gehalten.

Mit einem (neuen) Logo sind stets viele subjektive Interpretationen, Sympathien und Anmutungen verbunden. Logos, über die nicht diskutiert wird, sind in aller Regel auch die langweiligsten. Die vorgelegte Variante stellt den massiven Baukörper auf eine sympathisch moderne Weise dar, ohne dabei den für Trier so bedeutsamen historischen Bezug zu verleugnen.“

Die von den Experten vorgeschlagene Variante wurde am 4. September 1995 in einer Sitzung des Stadtvorstandes dem Oberbürgermeister und den Dezernenten präsentiert. Als Termin der Vorstellung wurde der 10. Oktober 1995 festgelegt.

Offensichtlich wurde in der Sitzung des Trierer Stadtvorstandes eine Diskussion in der Öffentlichkeit über das neue Logo erwartet. Denn der Oberbürgermeister „wies darauf hin, dass das Stadtsiegel mit dem Petrus weiterhin Hoheitszeichen bleibe."[7]

Offizielles Wappen der Stadt Trier

Probleme, die in Zukunft im Hinblick auf die Benutzung des „hoheitlichen Petrus-Wappens" und des neuen „Logos", das ein Marketing-Instrument sei, entstehen könnten, sollten durch ein Handbuch geregelt werden. Die Diskussion unmittelbar nach der Vorstellung des neuen Logos in der Öffentlichkeit war heftig. Mehr und mehr setzte sich aber in der Öffentlichkeit der Gedanke durch, dass das Ziel der Stadt, sich auch über eine solche Darstellung sowohl den Bewohnern als auch den Gästen der Stadt einheitlich und wirkungsvoll zu präsentieren, ein richtiger Schritt war.

Das neue Logo wurde ein wichtiger, millionenfacher Werbeträger der Stadt Trier. Auf allen Briefbögen, Formularen und Schriften der Stadt wurde es verwendet. Und zunehmend wurde es auch als Aufkleber angefordert.

In der Diskussion, die unmittelbar nach der Vorstellung des neuen Logos im Oktober 1995 einsetzte, meldeten sich vereinzelt auch positive Stimmen: „Endlich einmal ein erfrischendes Logo – und schon gibt es heftige Diskussion. Das ist auch gut so. Aber ist bei der Logo-Diskussion auch alles logo? Die einen erinnert das neue Logo an alles andere, nur nicht an die Porta. Den anderen kommt es bekannt vor, weil sie in dem neuen Logo alte (eigene oder fremde) Logos wiederfinden. An was erinnert das neue Logo nun? An alles andere oder an Altbekanntes? Oder vielleicht doch nur einfach an das, was es auf den ersten Blick ausstrahlt, nämlich Frische und Sympathie."[8] Im Oktober 1995 war eine so positive Bewertung die Ausnahme. Inzwischen hat das Logo, das im Oktober 2020 fünfundzwanzig Jahre alt wurde, eine große Zustimmung gefunden.

[7] *Protokoll der Sitzung des Stadtvorstandes der Stadt Trier vom 4. September 1995.*
[8] *Trierischer Volksfreund vom 28./29. Oktober 1995 (Leserbrief).*

10 // Endlich: Ein Messepark in Trier

Ein neues Gelände schließt eine Angebotslücke

„Nachholbedarf"! So lautete die Überschrift eines Kommentars von Norbert Kohler, dem Lokalchef des „Trierischen Volksfreund" am 1. Februar 1991. Und weiter hieß es: „Ein zwar teures, aber für die Stadt Trier eminent wichtiges Projekt hat der Stadtrat mit seinem Beschluss für den Ausbau eines multifunktionalen Messegeländes auf den Weg gebracht. Es war auch höchste Zeit. Denn wer – wie schon häufig geschehen – den Anspruch erhebt, eine Messestadt von überregionalem oder gar internationalem Rang zu werden, der kann sich nicht ewig mit einem Provisorium abfinden."[1]

Das war aber die Situation der „Messestadt Trier". Diesen Titel begründete sie weitestgehend mit der seit 1969 in einem Turnus von zwei Jahren stattfindenden Moselland-Ausstellung („ma"). Die erste Veranstaltung im Jahre 1969 war auf 40.000 Quadratmeter mit 521 Ausstellern sehr erfolgreich. Sie hatte sich dann in den Folgejahren zu einer der größten Ausstellungen in Rheinland-Pfalz entwickelt. Bei der Eröffnung der „ma" im Jahre 1989 nannte der Schirmherr der Veranstaltung Dr. Carl-Ludwig Wagner, der rheinland-pfälzische Ministerpräsident, „die ‚ma' ein bereits realisiertes und vorgelebtes Stück des EG-Binnenmarktes; schon heute seien über die Landesgrenzen hinaus bedeutende Verbindungen geknüpft, gingen von der Messe wirtschaftliche Impulse aus."[2]

Dabei war der Standort seit 1969 immer ein Provisorium. Die erste Veranstaltung wurde im Gewerbegebiet Trier-Nord an der Metternichstraße durchgeführt. Dieses Gebiet war erschlossen, größere Flächen waren für eine künftige Ansiedlung von Betrieben noch frei. Auch die Verkehrsanbindung am Eingang der Stadt war optimal. Gute Voraussetzungen für eine größere Ausstellung, zumal auch mit dem Unternehmer Otto Schwab aus Bad Dürkheim ein Veranstalter gefunden wurde. Hans König, von 1957 bis 1975 Bürgermeister und Kämmerer der Stadt Trier, berichtet über die erste Moselland-Ausstellung in Trier: „Die erste sollte vom 29. März bis 7. April 1969 im Industriegebiet an der Metternichstraße stattfinden.

[1] *Trierischer Volksfreund vom 1. Februar 1991: „Nachholbedarf".*
[2] *Trierischer Volksfreund vom 1./2.Mai 1989: „Land will die gebotene Verlegung finanziell fördern".*

Otto Schwab und Oberbürgermeister Felix Zimmermann

Soweit so gut! Aber gar nicht gut war's, dass vier Wochen davor dieses Gelände geradezu unter Wasser stand."[3] Dieser Standort hatte natürlich für die Mosselland-Ausstellung keine Zukunft. Die Verfügbarkeit des Geländes war auf Dauer sehr ungewiss. Bot doch das Gewerbegebiert in Trier-Nord die einzige Fläche für die Ansiedlung von Unternehmen. Die Schaffung neuer Arbeitsplätze war schon damals ein Dauerthema der Politik. Und so war es keine Überraschung, dass die große Verbraucherausstellung 1977 nicht mehr in Trier-Nord stattfinden konnte. Glücklicherweise hatte die Stadt Trier inzwischen das Gelände des ehemaligen französischen Hubschrauber-Flugplatzes in Trier-Euren/Zewen erworben. Damit stand für eine aktive Wirtschaftsförderungspolitik der Stadt Trier eine attraktive Fläche zur Verfügung. Es war naheliegend, dass auf diesem Gewerbe- und Industriegebiet zunächst große Freiflächen vorhanden waren. Und es lag deshalb nahe, dass dem Provisorium Trier-Nord für die Moselland-Ausstellung ein weiteres Provisorium folgte: das große Gebiet der „Eurener Flur". Von 1977 bis 1991 war dies der neue Standort der Mosellandausstellung, die sich auf diesem Industriegelände der Stadt Trier zu einer der bedeutendsten und besucherstärksten Ausstellungen für Verbraucher in Deutschland entwickelte. Die „Eurener Flur" war gegenüber dem Gewerbegebiet Trier Nord ein Fortschritt. Aber auch hier zeigte sich, dass im Wettbewerb um Ausstellungen und Messen dieses Provisorium auf Dauer nicht mehr den Anforderungen genügte. Zahlreiche Anfragen von Veranstaltern nach einem attraktiven Platzangebot mussten abschlägig beschieden werden. Das Problem wurde immer deutlicher: Es gab in der Stadt Trier kein Gelände mit einer qualifizierten Infrastruktur für größere Veranstaltungen. Keine Absage der Stadt Trier erhielt im Jahr 1984 der Circus Roncalli. Die Zweitausendjahrfeier hatte eine Fülle von Veranstal-

[3] *König, Hans: „... und dennoch hat's mir Spaß gemacht." Erinnerungen und Ähnliches aus (m)einem öffentlichen Leben". Trier 1990, S. 116.*

1984: Der Circus Roncalli auf dem Viehmarkt

tungen im Programm. Ein Höhepunkt war der Auftritt des weltbekannten Circus im April 1984 auf dem Viehmarktplatz. Die Baumaßnahme Viehmarkt hatte noch nicht begonnen, und der Circus Roncalli bevorzugte innerstädtische Plätze. Aufgrund seines außergewöhnlichen, glanzvollen Programms, das sich durch seinen „nostalgisch-noblen Rahmen" von anderen Zirkusunternehmen abhob, hatte Roncalli keine großen Raumansprüche. Ein Platz mit einer guten Infrastruktur wäre die Forderung gewesen. Dieser Nachfrage kam die Stadt Trier 1984 auf dem Viehmarkt nach. Ein Messegelände mit dieser Qualität gab es damals nicht.

Deshalb waren Überlegungen notwendig, wie die Zeit der Provisorien beendet werden konnte. Wo gab es eine Fläche in der Stadt Trier, die für ein Messegelände geeignet war? War eine solche Investition im Hinblick auf andere Notwendigkeiten in der Stadt Trier überhaupt eine Priorität? In seinem Kommentar[4] wies Norbert Kohler auf den Wettbewerb hin. Ein multifunktionales Messegelände sei nötig, „erst recht mit Blick auf Nachbarstädte wie Koblenz und Luxemburg, die sich inzwischen als attraktive Messeplätze etabliert haben." Ein weiteres wichtiges

[4] *Siehe Trierischer Volksfreund vom 1.2.1991: a. a. O.*

Argument war eine Aussage im Landesentwicklungsprogramm. Dort „wurde Trier ausdrücklich die Funktion ‚Messestandort' zugewiesen und dabei festgehalten, dass in Anbetracht des zunehmenden Wettbewerbdrucks im vereinten Europa sowie im Europäischen Binnenmarkt die Konkurrenzfähigkeit des rheinland-pfälzischen Messestandorts Trier weiter auszubauen"[5] sei. Für eine mögliche Mitfinanzierung des Landes Rheinland-Pfalz der Maßnahme „Messegelände Trier" war diese Festlegung wichtig.

Einzelne Flächen in der Stadt Trier wurden überprüft. Eine Lösung zu finden, war nicht einfach; denn gesucht wurde eine größere Fläche mit einer guten Verkehrsanbindung in der Talstadt. Gefunden wurde schließlich ein etwas unübersichtliches Gelände am westlichen Brückenkopf der Konrad-Adenauer-Brücke. An dieser Fläche fuhr man oft vorbei, ohne sie zu beachten. Am 20. Dezember 1957 hatte der Stadtrat für dieses Gebiet das Ziel „Gärtnersiedlung" festgelegt. Es sollte dort ein Gelände für Erwerbsgärtner ausgewiesen werden. Diese Zielsetzung wurde in den darauf folgenden Jahren nicht mehr verfolgt. Nach Prüfung verschiedener anderer Standtorte fiel die Entscheidung für dieses Gelände an der Konrad-Adenauer-Brücke. Richtig ist sicher, dass man schon eine visionäre Kraft brauchte, um sich hier das zukünftige Messegelände vorzustellen. Die in dem neuen Bebauungsplan vorgesehene Fläche, die Aufstellung des Plans wurde am 25. April 1991 beschlossen, lag außerdem im Hochwasserbereich. Das Gelände musste demnach zusätzlich hochwasserfrei angelegt werde. Beachtliche Aufschüttungen waren nötig.

Die nähere Untersuchung dieses Areals eröffnete eine überraschend großzügige Möglichkeit. Hier konnte tatsächlich eine Lösung entstehen. Im Bebauungsplan wurden dann allein für die Ausstellungfläche 5,2 Hektar ausgewiesen werden. Natürlich mussten auch Parkflächen berücksichtigt werden. Insgesamt waren 3700 PKW-Stellplätze geplant. 75 Busparkplätze waren ebenfalls vorgesehen. Die Planung umfasste einschließlich der durch das Landespflegegesetz vorgesehenen Grünflächen insgesamt rund 19 Hektar. Eine große Fläche, die ein Hinweis war auf die Größe der zu lösenden Aufgabe.

Es galt, das Gelände herzurichten, um für Veranstaltungen aller Art die Infrastruktur vorzuhalten. Im Rathaus wurde dieses Projekt unter dem Arbeitstitel „Multifunktionales Gelände" geführt. Es sollte eine Antwort auf viele Fragestellungen gegeben werden. Für Trier wenig überraschend war die schwierigste

5 *Trierer Wirtschaft-heute 1994/95/96: „ ‚ma 93' Moselland-Ausstellung Trier erstmals auf dem neuen Messegelände", S. 121.*

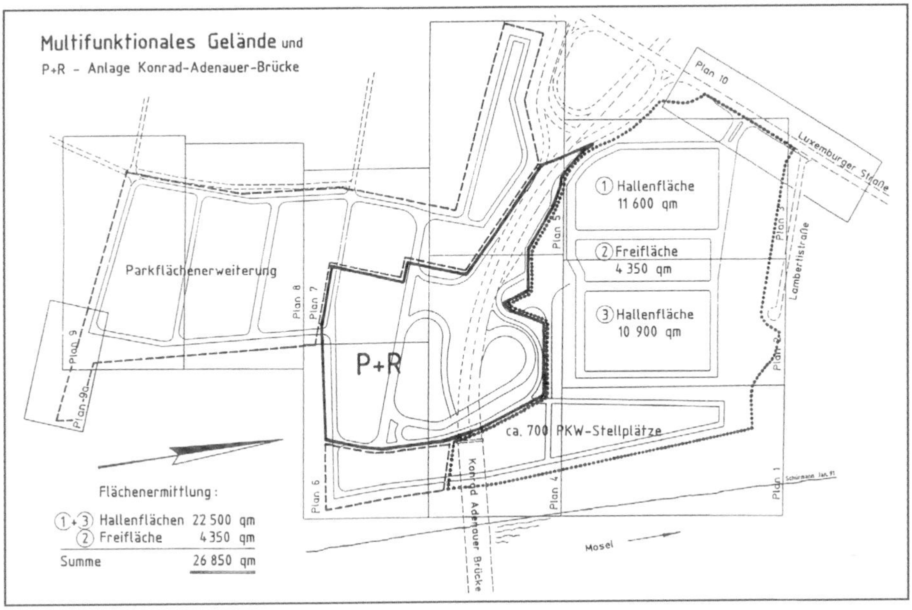

Plan „Messepark"

Frage die, wie denn die Finanzierung gesichert werden könnte. Natürlich wurden Kontakte mit anderen Standorten gesucht, um die Erfordernisse zu konkretisieren. Das Ergebnis waren ernüchternde Kostenschätzungen von rund 24 Millionen DM. Das war natürlich zu viel.

Der Bau eines Messegeländes wurde mehr und mehr zur Wunschvorstellung, die nicht realisiert werden konnte. Hilfreich war in dieser Situation, dass der rheinland-pfälzische Ministerpräsident Dr. Carl-Ludwig Wagner eine Unterstützung durch das Land zugesagt hatte. In dem Bericht über die Eröffnung der mittlerweile größten Verkaufs- und Verbrauchermesse in Rheinland-Pfalz im Jahre 1989 konnte man in der Trierer Presse lesen: „Silberstreif am Horizont: Das Land will das kostspielige Unterfangen einer Verlegung auf das geplante Gelände an der Konrad-Adenauer-Brücke finanziell fördern, sagte der Schirmherr Dr. Wagner unter großem Beifall."[6]

In Gesprächen mit der Landesregierung wurde nach intensiven Diskussionen eine großartige Lösung gefunden: Der geplanten Multifunktionalität des Geländes wurde mit einer multifunktionalen Finanzierung begegnet. Da auf dem Gelände neben Parkplätzen für Ausstellungen und Messen auch eine Park and

6 *Trierischer Volksfreund vom 1./2. Mai 1989: „Land will gebotene Verlegung finanziell fördern."*

Ride Anlage mit etwa 580 Stellplätzen und eine Nutzung für Touristenbusse mit einer dazugehörenden Servicestation Platz finden sollte, waren mehrere Förderungen durch das Land Rheinland-Pfalz möglich. Inzwischen hatten sich aufgrund sehr detaillierter Berechnungen 19,1 Millionen Gesamtkosten ergeben. Die Zuschüsse des Landes und des Bundes für Straßenbaumittel und aus Mitteln der Strukturhilfe und die Gelder zur Förderung des Fremdenverkehrs betrugen insgesamt 11,3 Millionen DM. Für die Stadt Trier blieb immer noch ein erheblicher Betrag für die Restfinanzierung. Dies erforderte angesichts der nicht gerade rosigen Finanzlage der Stadt vom Trierer Stadtrat auch den Mut, den damit verbundenen finanziellen Belastungen zuzustimmen.

In seiner Sitzung am 30. Januar 1991 fasste der Stadtrat zwar nicht einstimmig, aber mit großer Mehrheit den Baubeschluss. „Endlich hat sich nun auch in Trier der Gedanke durchgesetzt, dass es nicht genügt, sich nur im Glanz der ständig gewachsenen Moselland-Ausstellung zu sonnen, sondern dass dafür auch etwas getan werden muss.“[7] Nach dem Baubeschluss durch den Stadtrat wurde sofort mit den Arbeiten begonnen. Bereits Anfang April 1991 war der erste Spatenstich. Der Trierer Viehmarkt, die Jahrzehntbaustelle in Trier, hatte Konkurrenz bekommen. Und im August 1991 „verkündete“ die Trierer Presse: „Neues Messegelände nimmt Gestalt an“.[8] Im Visier war die Moselland-Ausstellung 1993, die bereits auf dem neuen Gelände stattfinden sollte. Gewaltige Geländebewegungen erfolgten, und, wie immer bei Projekten in Trier, die mit Grabungen verbunden sind, stellte sich bei den Verantwortlichen eine Gänsehaut ein. Vor allem auch deshalb, weil bei dieser Maßnahmen eine Menge Infrastruktur „vergraben“ werden sollte. In Trier in den Untergrund zu gehen, ist nicht ohne Risiko. Sehr oft zeigen die Römer sehr deutlich, dass sie das entsprechende Gelände zu ihrer Zeit auch schon bebaut hatten. Dafür gibt es zahlreiche Beispiele. Bei dem Projekt „Messegelände“ war nahezu alles – Kanäle, Versorgung, Verankerungen und Befestigungsmöglichkeiten – wenig spektakulär in der Erde verschwunden. Es war geradezu wie ein Wunder, dass nichts Römisches gefunden wurde. Offensichtlich hatten die Römer die Moselauen als Biotop belassen.

Die Bauarbeiten gingen zügig voran. Die Wunschvorstellung, im Herbst 1993 die nächste „ma“ bereits auf dem neuen Gelände zu veranstalten, wurde mehr und mehr Realität. In der Vorbereitungszeit wurde im Rathaus die Frage geklärt, wer in Zukunft die Planung von Messen, Ausstellungen, Kongressen und

[7] *Trierischer Volksfreund vom 1. Februar 1991: „Nachholbedarf“.*

[8] *Trierischer Volksfreund vom 17./18. August 1991: „Neues Messegelände nimmt Gestalt an“.*

ähnliche Veranstaltungen übernehmen sollte. Der Ausbau, der Unterhalt und die Vermietung eines Messe- und Ausstellungsgeländes mussten ebenfalls verantwortlich bearbeitet und organisiert werden. Aus diesen Gründen wurde am 7. Mai 1987 eine Messeförderungsgesellschaft mbH gegründet. Der Stadtrat hatte in seiner Sitzung am 9. April einen entsprechenden Beschluss gefasst. An der Gesellschaft war die Stadt Trier mit 60 v. H. und die Industrie- und Handelskammer und die Handwerkskammer mit jeweils 20 v. H. beteiligt. Die Einbeziehung der beiden Wirtschaftskammern machte Sinn. Das neue Messegelände sollte vor allem ja auch ein Angebot für die Wirtschaft sein. Durch Beteiligung der Kammern wurde dies deutlich. Geschäftsführer wurde der Leiter der Wirtschaftsförderung der Stadt Trier Rudolf Arnoldy.

Im Oktober 1982 wurden die Bürgerinnen und Bürger über die Presse aufgefordert, Namensvorschläge für das neue Veranstaltungsgelände zu machen. Der bisher immer wieder genannte Arbeitstitel „Multifunktionales Veranstaltungsgelände" war natürlich kein attraktiver Name. Damit konnte man erst recht nicht in der Öffentlichkeit Werbung betreiben. Es gab zahlreiche Vorschläge. Die Kreativität vieler Trierer war beachtlich. „Adenauer-Rondell", „Petrus-Platz", „Westflanken-Platz" und „Platz der Optimisten" waren einige Vorschläge. Eine Jury schlug als Namen „Messepark Trier, Moselaue" vor. Der Zweck des Geländes wurde bei diesem Namen ergänzt durch die Flurbezeichnung. Es zeigte sich aber schon sehr bald, dass die Bezeichnung „Messepark" ohne den ergänzenden Flurnamen sich durchsetzte.

Als Eröffnungstermin wurde der 1. Juli 1993 festgesetzt. Vorher war allerdings noch eine Generalprobe: Erstmals seit vielen Jahren gastierte der berühmte Zirkus Krone vom 2. Bis 7. Juni 1993 in Trier. Seit 20 Jahren bot der Messepark in Trier wieder die Voraussetzungen für ein Gastspiel dieses weltbekannten Zirkus. Die Resonanz war überaus positiv. 53.000 Besucher erhielten an sieben Tagen einen ersten Eindruck, was durch den neuen Messepark in Trier nunmehr angeboten werden konnte. Der Minister für Wirtschaft und Verkehr des Landes Rheinland-Pfalz, Rainer Brüderle, war zur Eröffnung des Messeparks gekommen. Er betonte, der neue Messepark vermittle „der Stadt Trier und dem Umland neue Perspektiven und berechtige zu Hoffnungen insbesondere in wirtschaftlicher Hinsicht, sei aber auch im Hinblick auf kulturelle Veranstaltungen ein Hoffnungsträger".[9] Mit dem neuen Messepark wurde auch in der Stadt Trier zusätzlich ein großzügiges Parkplatzangebot geschaffen. Park and Ride Plätze waren nunmehr vorhanden. Auch

[9] *Trierischer Volksfreund vom 2. Juli 1993: „Perspektiven für die regionale Wirtschaft".*

deshalb wurde der Messepark an den städtischen Busverkehr angeschlossen. Die Busstation für die Touristenbusse hielt nun 70 Plätze bereit. Ziel war es, durch diese Angebote den innerstädtischen Verkehr zu entlasten. Konnten doch Berufspendler, Einkäufer oder Touristen ihr Auto kostenlos auf diesem Parkplatz abstellen und dann mit städtischen Linienbussen in die Stadt fahren.

Eine weitere wichtige Baumaßnahme im Westen war für den Standort Messepark wichtig: der vierspurige Ausbau der Luxemburger Straße (B49). Schon im Herbst 1991 war mit dem 10-Millionen Projekt begonnen worden. Die Bauarbeiten sollten 1994 beendet werden. Auch mit diesem Projekt ergab sich eine weitere Aufwertung des westlichen Stadtgebietes. Die Verkehrsverbindung Richtung Luxemburg wurde erheblich verbessert. Der Ausbau der B49 war also mehr als „nur" eine Straßenbaumaßnahme.

Die vielfältigen Nutzungsmöglichkeiten des neuen Messeparks wurden unmittelbar nach der Eröffnung am 1. Juli 1993 durch eine umfangreiche Palette von Veranstaltungen getestet. Die Trierer nahmen dieses Angebot an und nahmen „ihren" Messepark schon am ersten Wochenende nach der Eröffnung in Besitz. Werner Becker, Triers bekannter und beliebter Mundartdichter, kommentierte das neue „Maasderstögg" auf seine Art:

Wat bößlang provisorisch waor
on ungewöß vo' Joahr zu Joahr,
stieht endlich gammer ob de Ban
ö'mödden von 'em griene Plan –
grußflächig, wie mer staunend sieht.
Zum Beispill, wenn' om Parkplatz gieht,
läßt et sich glatt m'öm feinsde määßen –
lao kanns'de bal vom Bodem ääßen.
Su gaof den ersde Schrött gedaon.
Jetz kömmt et ob uns Börjer aon,
fer Trier – wie stets – et Best ze wollen,
dat nei' Gelände aon-ze-hollen
o – wie mer sät – ze öntegreeren –
et soll sich schließlich jao rendeeren.
Schon heert me leis' de Wonsch von allen
noa fesden, stationären Hallen –
doch sön dat vorerst Hoffnungsgloggen.
Mir haon dao nöt geniejend Floggen.

Wie im Gedicht angedeutet, wurde schon in der Zeit der Eröffnung darüber nachgedacht, eine Halle auf dem Messepark zu bauen. „Ob einmal eine feste Halle auf diesem Gelände errichtet wird, ist in erster Linie eine Finanzierungsfrage. Eine erste Planung mit Grundlagenermittlung sowie einer Kostenschätzung liegt vor. Zur Realisierung benötigen wir Geld. Dies ist bekanntlich momentan nicht da.“[10]

Der Messepark wurde gut angenommen. Allein im Jahr 1994 wurden bei den Veranstaltungen rd. 450.000 Besucher gezählt. Zahlreiche Gespräche und Anfragen zeigten aber schon bald, dass die Messeförderungsgesellschaft erst dann ihrer Aufgabe voll gerecht werden konnte, wenn sie nicht nur über ein Freigelände, das nur saisonbedingt mit mobilen Bauten zu nutzen war, sondern auch über feste Ausstellungshallen verfügen konnte. Einzelnen Nachfragern, die eine feste Halle forderten, war ein entsprechendes Angebot nicht zu machen. Der Messepark war in der Praxis weitestgehend nur von April bis Oktober zu nutzen. Im Winter gab es eine witterungsbedingte Zwangspause. So blieb der Bau einer befestigten Ausstellungshalle nicht nur in der Diskussion, sondern es wurden erste Planungen mit Kostenschätzungen erstellt. Schon am 15. Dezember 1994 beschloss der Stadtrat den Bau einer festen Halle auf dem Messegelände; Kosten 2,5 Millionen DM. Wirtschaftsdezernent war Dr. Norbert Neuhaus. In der Presse wurde er zitiert: „Die zweischiffige Halle mit einer Fläche von 2900 Quadratmetern würde die Nutzung des Messegeländes auch über den Winter ermöglichen. In der Halle sollen vorwiegend Messen und Ausstellungen stattfinden. Sie wird von der technischen Ausführung so konzipiert werden, dass gelegentlich auch Veranstaltungen kultureller und sportlicher Art veranstaltet werfen können.“[11] In der Öffentlichkeit wurde zu diesem neuen Projekt mehrfach kritisch angemerkt, diese Halle sei eine Konkurrenz zur Europahalle. Dazu kommentierte die Presse: „Neue Perspektiven eröffnet das Vorhaben auch für die Freunde von Pop und Rock. Denn mit Platz für 4000 bis 5000 Besucher wird die neue Halle fast doppelt so groß sein wie die Europahalle. Möglicherweise wird dies den ein oder anderen „Star“ mehr dazu bewegen, ein Gastspiel für die Fans an der Mosel zu geben.“[12] Die neue Halle wurde am 20. Juni 1996 eröffnet.

Aber schon bald wurde die Halle ergänzt durch ein Nebengebäude mit einer großen Toilettenanlage für die Hallenbesucher und Seminarräumen für Hallenkunden. In Trier hatten sich im Vorfeld kritische Stimmen auch für diese

[10] *Rede Oberbürgermeister Helmut Schröer anlässlich der Eröffnung „Messepark Trier", in den Moselauen, am 1. Juli 1993.*

[11] *Trierischer Volksfreund vom 16. Dezember 1994; „Ende der Winterpause in den Moselauen".*

[12] *Ebd.*

Erste „ma" auf dem neuen Gelände (1993)

Volksfest auf dem Messepark

Ergänzung gemeldet. „Dabei war sogar Udo Jürgens im Spiel, der angeblich ein Konzert in der Messeparkhalle wegen fehlender Umkleidemöglichkeiten abgesagt haben soll. Dies sei dann der Auslöser für das Projekt geworden." Christiane Horsch, sie war inzwischen die Wirtschaftsdezernentin der Stadt Trier, wies diesen Gedanken entschieden zurück. „Es werde zwar dann und wann Konzertveranstaltungen im Messepark geben. So der Auftritt der ‚Fantastischen Vier', der am 14. Oktober in der Messeparkhalle über die Bühne geht. Grundsätzlich aber sei die Halle vorwiegend für Ausstellungen und Messeveranstaltungen vorgesehen und dafür auch konzipiert."[13] Der Messe-Anteil im Jahresprogramm des Messeparks sollte gesteigert werden.

Die Stadt Trier hatte durch den Messepark ein zusätzliches Profil erhalten, das eine Vielfalt von Angeboten ermöglichte. Denn die Stärke des Geländes liegt in der Vielfalt der verschiedenen Nutzungsmöglichkeiten. Der Messepark hatte auch erheblich zu einer Aufwertung des westlichen Stadtteils der Stadt geführt. Die weitere Entwicklung der Stadt Trier in diesem Stadtbereich war aber mit der Fertigstellung eines attraktiven Messeparks nicht abgeschlossen. Im Rahmen der Konversion wurden die Flächen des französischen Pionierparks unmittelbar neben dem Messegelände einer privaten Nutzung zugeführt.

[13] *Trierischer Volksfreund vom 24. Juni 1999: „Messehalle erhält neues ‚Zubehörteil'".*

11 // „Weinstadt Trier“: *Initiativen der Politik in den 80er Jahren*

„Trier ist die Wiege der deutschen Weinkultur. Alles, was unter diesen Begriff fällt – Handel, Ausbau, Kunst und Brauch –, mündet in das Rom an der Mosel.“[1] Es gibt sehr viele Beschreibungen der „Weinstadt Trier“.[2] Diese ist besonders treffend. Seit der Römerzeit kann Trier auf diese große Weinbautradition zurückblicken. Im Zuge der römischen Eroberungen, so wird vermutet, erfolgte die Einführung des Weinbaus an der Mosel. Davon zeugen insbesondere die berühmten Steinskulpturen, beispielsweise die mit Weinfässern beladenen Moselschiffe. Wer kennt nicht das Neumagener Weinschiff? Aber auch die Steinreliefs mit Rebstöcken und Rebornamenten, die zahlreich gefundenen Amphoren und Weinkrüge belegen die Bedeutung der Weinkultur schon zu Zeiten der Römer.

Auch in der römischen Literatur gibt es überzeugende Hinweise auf den Weinbau an der Mosel. „Die Mosella des Ausonius ist eine Dichtung, die auch uns heutige Bewohner an der Mosel mit besonderer Befriedigung erfüllen kann.“[3] Ausonius lebte von ca. 310–94; er war Dichter, Lehrer und höchster Beamter im Dienst der spätrömischen Kaiser. Seine Mosella ist ein Lobgesang auf die Mosel, eine dichterische Würdigung und Hervorhebung der Bedeutung der Weinkultur an der Mosel schon zur Römerzeit.

Neumagener Weinschiff

[1] „Trier – älteste deutsche Weinstadt“. Zitiert nach: Trierer Wirtschaft heute 1983, S. 36.

[2] Vgl. dazu: Krause, Ulf-Peter: „Wein und Tier“. In: „Trier – Wirtschaftszentrum mit Tradition und Zukunft. 2000 Jahre Trierer Wirtschaft“. Trier 1984, S. 205–233.

[3] Schwinden, Lothar: „Was sich liebt, das neckt sich. Ausonius zu Moselwinzern und Moselschiffern“. In: Jahrbuch Kreis Trier-Saarburg 2020, S. 18.

Blick auf die Lage „Trierer Augenscheiner"

Das gängige Bild von der Weinstadt Trier wird auch durch das Stadtbild belegt. Weinberge und Weinbaubetriebe verbinden sich an vielen Stellen der Stadt zu einer einmaligen Einheit. Auch zahlreiche wirtschaftliche Aktivitäten haben ihre Basis im Weinbau und in der Kellerwirtschaft. Weltbekannte Weingüter, deren Weinberge an der Saar bis Serrig, an der Ruwer bis Waldrach und moselabwärts bis in den Bereich der Mittelmosel bei Piesport, Neumagen, Wehlen, Ürzig und Graach liegen, haben ihren Sitz in Trier. Hinzu kommt, dass sich der Weinstadtteil Olewig zu einem kleinen Grinzing entwickelt hat.

Der Ruf der Stadt Trier als Weinstadt wurde über viele Jahrzehnte, insbesondere seit dem Beginn des 20. Jahrhunderts, durch den Großen Ring entscheidend geprägt. Die Stadt Trier war die Keimzelle dieser Vereinigung bedeutender Weingüter. Es war der Trierer Oberbürgermeister Albert von Bruchhausen, der im Jahre 1908 die an Mosel, Saar und Ruwer bestehenden Versteigerungsringe zum Großen Ring zusammenführte. 54 Weingüter wurden Mitglied. Wie in den Jahren zuvor setzten diese Betriebe vor allem auf die Versteigerungen ihrer Weine, die sich durch eine besonders hohe Qualität auszeichneten. Diese Wein-Veranstaltungen erlangten bereits Ende des 19. Jahrhunderts internationale Resonanz. Wer etwas auf sich hielt, ersteigerte in Trier Riesling von der Mosel. „Nicht nur Weinkommissionäre und Händler ließen sich an die Mosel locken. Auch zahlreiche Schaulustige sowie die Presse nahmen an diesem Geschehen lebhaften Anteil, zumal die Versteigerungsergebnisse schon seit 1893 dokumentiert wurden und dem Geschehen zusätzliche Resonanz verschafften."[4] Trier stand so im Mittelpunkt der deutschen, aber ebenso der internationalen Weinwirtschaft. Der glänzende Ruf der Versteigerungen fiel damit auch auf die „Weinstadt Trier".[5]

Jubiläum: 100. Weinversteigerung

In anderen deutschen Weinbaugebieten waren in dieser Zeit auch ähnliche Gemeinschaften entstanden. 1910 vereinigte Albert von Bruchhausen diese Zusammenschlüsse mit dem Großen Ring zum „Verband deutscher Naturweinversteigerer". Auch der Sitz dieser Vereinigung war Trier. Als der Große Ring im Jahre 2008 sein 100jähriges Jubiläum feierte, wurde am 26. September wie in jedem Jahr in Trier, diesmal in der Europahalle, eine große Weinversteigerung durchgeführt. Im Begleitheft zu dieser Versteigerung formulierte Egon Müller, der erste Vorsitzende des Großen Ring: „Der Große Ring wird 100 Jahre. Vieles hat sich in dieser Zeit geändert. Bedeutendere Institutionen und größere Vereine sind

[4] *Deckers, Daniel: „Zurück in die Zukunft. Eine kurze Geschichte des Trierer Vereins von Weingutsbesitzern der Mosel, Saar und Ruwer". In: „100 Jahre Grosser Ring Mosel-Saar-Ruwer (1908–2008)", S. 31. Vgl. dazu auch: Ders.: „Im Zeichen des Traubenadlers: Eine Geschichte des deutschen Weins", Mainz 2010.*

[5] *Am 20. September 2019 fand in Trier die 132. Weinversteigerung des „Großen Ring" in Trier statt.*

verschwunden, aber wir sind noch da, viele von uns sind von Anfang an dabei. Es muss also etwas geben, was den Großen Ring zu allen Zeiten aktuell macht."[6] Eine Klammer für den Zusammenhalt der Weingüter im Großen Ring waren die Versteigerungen. Ob diese Veranstaltungen in Trier auf Dauer eine feste Klammer gewesen wären, ob die Tatsache, jedes Jahr im Frühjahr eine gemeinsame Versteigerung durchzuführen, eine dauerhafte Bindungskraft gehabt hätte, ist fraglich. Bestimmend wurde für die Weingüter im Großen Ring zunehmend der Qualitätsweinbau. War früher der Weinabsatz grundlegend für die Zusammenschlüsse („Versteigerungsringe"), trat jetzt der Qualitätsweinbau mehr und mehr in den Mittelpunkt. Das Ergebnis war überzeugend: Die Mosel-Saar-Ruwer-Weine erlangten Weltruf. Oberbürgermeister von Bruchhausen erkannte schon zu Beginn des 20. Jahrhunderts die Bedeutung eines geschlossenen Auftretens der Weinbaubetriebe und der „Naturreinerhaltung", der Qualität der Weine. In seinen Lebenserinnerungen beschreibt er überzeugend sein Engagement für den Moselwein. Die Versteigerungen nahmen sehr oft einen spannenden Verlauf: „Einmal wurde es aber im Saale lebhaft, die hohen Gebote wurden mit Spannung verfolgt, es war beim vorzüglichen Jahrgang 1904, und als ein Fuder (Schorlemer-Lieser) den nie dagewesenen Preis von RM 25.000,– erreichte, erhob sich spontan die ganze Versammlung und sang begeistert das Mosellied:

In weitem deutschen Lande
zieht mancher Strom dahin.
Von allen, die ich kannte,
liegt einer mir im Sinn.
O' Moselland, o' selig Land,
ihr grünen Berge, du Fluss im Tal,
Ich grüß dich von Herzen
viel tausend, tausendmal."[7]

Die „Weinstadt Trier" wird auch schon in der mittelalterlichen Liedersammlung „Carmina Burana" (Beurer Lieder) besungen. 1803 waren diese Lieder im Kloster Benediktbeuren gefunden und später von Carl Orff vertont worden. Die Uraufführung fand 1937 in der Frankfurter Oper statt. In einem Trinklied dieser Sammlung heißt es:

[6] *Müller, Egon: Begleitheft der Weinversteigerung am 26. September 2008 in Trier, S. 2.*
[7] *Von Bruchhausen, Albert: Lose Blätter der Erinnerung, S. 37. Stadtarchiv Trier*

„Trevir metropolis,	„O Trier, der Freuden Hort
urbs amenissima,	sei du mir ganz allein,
que Bacchum recolis,	auch Bacchus wohnet dort,
Baccho gratissima,	wo heimisch ist der Wein,
da tuis incolis	lass ihn am Heimatort
vina fortissima!	uns üppiger gedeihn.
per dulzor!"	per dulzor!"[8]

„Auf einen regionalen Wein bester Qualität weist – allerdings erst auf den zweiten Blick – ein anonym verfasstes Gedicht in den Carmina Burana (CB 204) Urbs salve regia, das die Stadt Trier als schönste Stadt rühmt. Bereits im zweiten Vers versieht der Dichter die Stadt Trier urbs urbium, einem Polyptoton, das eigentlich Rom als Metropole der katholischen Christenheit vorbehalten sein sollte, und gesteht damit Trier die Vormachtstellung doch hinsichtlich des Weins zu."[9]

Trotz dieser Fülle an Belegen über die „Weinstadt Trier" war es Anfang der 80er Jahre des vorigen Jahrhunderts dennoch schwierig, einen Ort in der Trierer Innenstadt zu finden, der das Prädikat „Weinstadt Trier" durch Weinangebote belegte. Weinstuben, qualifizierte Weinangebote für Käufer – Fehlanzeige! „Wo kann ich heute Abend in der Trierer Innenstadt den Rieslingwein der Mosel testen? Wo kann ich die Weinstadt erleben?" So wurde man oft gefragt. Diese Fragen machten verlegen. Denn eine überzeugende Antwort konnte nicht gegeben werden. Eine „kleine" Ausnahme war die „Lenz-Weinstube". Der Präsident der Industrie- und Handelskammer Trier Gerd Schaeidt (Präsident von 1973–1988) hatte am Viehmarkt ein Weinrestaurant eröffnet. Eine erfreuliche Initiative. Ein Grund für sein Engagement war für Gerd Schaeidt auch, dass er das fehlende Weinangebot in der Innenstadt von Trier beklagte und mit seinem Restaurant einen kleinen Akzent setzen wollte. In der Gesamtbetrachtung musste man aber feststellen: Der Titel „Weinstadt Trier" war ein Etikett, das aber mehr versprach, als in der Wirklichkeit angeboten wurde.

Hinzu kam, dass die deutschen Weintrinker, man muss sagen „aus gutem Grund", gegenüber dem Wein aus einem der schönsten Anbaugebiete Deutschlands sehr skeptisch waren. Der Anbau der edlen Weinrebe Riesling, die typisch für die Mosel ist, war ab den 60er Jahren des 20. Jahrhunderts zurückgegangen.

[8] *Trinklied aus Carmina Burana (Vers 2).*

[9] *Dorninger, Maria: „Wasser und Wein – Rhetorisches in den Carmina Burana zur Rhetorik des Genusses". In: Kolmar, Lothar (Hg.): „Zur Rhetorik des Genusses". Wien 2007, S. 153 f.*

In den Weinbauregionen Rheingau, Baden und Württemberg war im selben Zeitraum eine Erweiterung der Anbaufläche für Riesling erfolgt. Die Mosel konnte mit dieser Entwicklung nicht Schritt halten. Hier wurde der Weinbau vorwiegend in Steillagen betrieben, dies mit erheblichem Kostenaufwand. Die Folge war, dass zahlreiche Parzellen in den Steillagen aufgegeben wurden. Ersetzt wurden sie häufig durch den Anbau anderer Rebsorten in den Tallagen. So musste der Riesling im Anbaugebiet Mosel-Saar-Ruwer (heute: Mosel) allein von 1970 bis 1983 einen Rückgang in der Anbaufläche von rund zwanzig Prozent hinnehmen. 1970 betrug der Anteil der Rebsorte Riesling noch 77 Prozent der Gesamtanbaufläche an Mosel, Saar und Ruwer. Im Jahre 1983 waren es nur noch 55 Prozent. Dabei war der Rieslingwein im internationalen Ansehen das Flaggschiff der deutschen Weißweinerzeugung. Diese Entwicklung war alarmierend auch für das Oberzentrum im Weinanbaugebiet Mosel-Saar-Ruwer, der „Weinstadt Trier“. Das Image der Rebsorte Riesling zu sichern, war die große Herausforderung.

In dieser Situation wurde zunehmend gefragt, was die Stadt Trier tun könne, um dieser Entwicklung zu begegnen. Welche Maßnahmen waren geeignet, den Ruf der Stadt Trier als Weinstadt zu festigen? Wie konnte die Stadt Trier private Initiativen unterstützen und letztlich dadurch auch erreichen, dass sich die Stadt Trier qualifizierter als Weinstadt präsentierte? Es wurde aber in der kommunalpolitischen Diskussion auch die Frage gestellt, ob es die Aufgabe einer Stadt sei, bei der Imagepflege des Rieslings mitzuwirken. Letztlich gab es eine breite politische Übereinstimmung, dass die Stadt Trier eine Verpflichtung habe. Im Haupt- und Finanzausschuss des Stadtrates am 3. März 1982 und im Stadtrat am 23. März 1982 wurde der Tagesordnungspunkt „Weinstadt Trier: ein Gesamtkonzept im Rahmen der Fremdenverkehrspolitik der Stadt Trier“ behandelt.[10] Das Fremdenverkehrsamt der Stadt Trier hatte nach Gesprächen mit der Weinwirtschaft und der Weinwerbung Mosel-Saar-Ruwer einen Katalog wünschenswerter neuer Angebote und Einrichtungen zusammengestellt.

Für die Stadt Trier war es zunächst die **Weinprobe der Stadt Trier**, die vorrangig durchgeführt werden sollte. Durch eine repräsentative Weinprobe, die alljährlich stattfinden sollte, wollte man auf die Bedeutung der Weinwirtschaft, auf die Qualität der Weine in der Stadt und in der Region hinweisen. Die Trierer Weingüter und Winzer wurden aufgefordert, Weine für diese Veranstaltung anzustellen. In einer verdeckten Probe wurden dann die Weine für die Weinprobe der Stadt Trier ausgewählt. Für die erste Veranstaltung am 13. März 1982 lieferten 21 Trierer

[10] *Vorlage 72/82 für den Haupt- und Finanzausschuss und den Stadtrat der Stadt Trier.*

Weinprobe der Stadt Trier im Rathaussaal

Betriebe 56 Weine. 16 Riesling-Weine wurden den rund 100 Bürgerinnen und Bürger im Großen Rathaussaal der Stadt Trier angeboten. Der Rathaussaal, die ehemalige Kirche des Ende des 13. Jahrhunderts erbauten Augustinerklosters, war der würdige Ort für diese erste Weinprobe der Stadt Trier. Die Beteiligung der Winzerbetriebe, die Resonanz bei den Teilnehmerinnen und Teilnehmern an der Probe deuteten darauf hin: Mit ihrer Initiative hatte die Stadt Trier einen Nerv getroffen.

Die Weinprobe der Stadt Trier entwickelte sich in den folgenden Jahren zu einer beachtlichen Werbeveranstaltung für den Riesling-Wein von der Mosel.

Erstmals wurde im Jahre 1984 der **Weinpreis der Stadt Trier** im Rahmen der Weinprobe verliehen. Die Weinprobe der Stadt Trier fand wieder im Großen Rathaussaal statt. Ein Höhepunkt der Veranstaltung war die Verleihung des Weinpreises durch Oberbürgermeister Felix Zimmerman an das Dorint-Hotel Porta

Nigra (heute Mercure Hotel Porta Nigra). Das Hotel hatte über Jahre den Riesling-Wein der Region in attraktiven Veranstaltungen in den Mittelpunkt gestellt. Die Veranstaltungen waren bei den Gästen der Stadt sehr beliebt und begehrt. Diese privaten Initiativen und Bemühungen waren auch ein Werbung für die Weinstadt Trier.

„Der heimische Wein als schönstes Denkmal aus der Römerzeit hat neue Auszeichnung erhalten".[11] So wurde die Initiative der Stadt Trier, besondere Leistungen in der Weinwirtschaft, der Gastronomie und im Handel mit dem Weinpreis auszuzeichnen, treffend beschrieben. Der Preisträger erhielt ein in Silber getriebenes Riesling-Blatt. Von 1984 bis zum Jahre 2005 wurde der Weinpreis an folgende Preisträger verliehen:

- 1984: Hotel Porta Nigra (heute Mercure Hotel Porta Nigra)
- 1985: Weinhaus Haag, Stockplatz
- 1986: Weingut Reichsgraf von Kesselstatt
- 1989: Vereinigung Trier Olewiger Winzer
- 1991: Dr. Karl-Heinz Faas, Direktor der Landeslehr- und Versuchsanstalt
- 1992: Dr. Heinz Cüppers, Direktor des Rheinischen Landesmuseum Trier
- 1994: Verband Deutscher Prädikatsweingüter (VDP), Grosser Ring
- 1995: Journalist Wolfgang Magnus
- 1997: Dr. Richard Woller, Leiter des Amtes für Lebensmittelchemie, Trier (früher Chemisches Untersuchungsamt Trier)
- 1999: Stuart Pigott, britischer Weinjournalist
- 2001: Otti Büsching, Geschäftsführer Karstadt, Trier
- 2003: Hotel Eurener Hof
- 2005: Christoph Tyrell, Karthäuserhof, Trier-Eitelsbach

Gestiftet wurde der Weinpreis von Käthi und Günther Reh. „Untrennbar seien dieser Preis und die Familie Reh verbunden. Nur durch deren großzügige Spende aus dem Vermögen der eigens hierfür geschaffenen Stiftung sei es möglich, die (materiell und künstlerisch wertvolle) Auszeichnung zu vergeben."[12] Im Jahre 1978 hatte Günther Reh das Weingut Reichsgraf von Kesselstatt erworben. Für die Stadt Trier war der erfolgreiche Kaufmann aus Leiwen an der Mosel ein Glücksfall. Verlegte er doch einen Großteil seiner wirtschaftlichen Aktivitäten nach Trier. Der

[11] Trierer Wirtschaft heute: „Trier will Ruf als Weinstadt festigen", Jahrgang 1982, S. 36.
[12] Trierischer Volksfreund vom 17. April 1999: „Pigott erhält Weinpreis – Bedeutsame Ehrung für den englischen Weinautor".

Weinpreis 1994: Verliehen an den VDP, Vorsitzender Wilhelm Haag

Erwerb des Weingutes Reichsgraf von Kesselstatt bot ihm dabei die Möglichkeit, auch in der Stadt Trier wichtige Akzente zum Thema Wein zu setzen. Günther Reh und das Trierer Rathaus hatten beim Thema Wein deckungsgleiche Zielsetzungen. Und die sich bietende Chance nutzte er mit Weitsicht und mit einer ausgeprägten Leidenschaft für den Wein an Mosel, Saar und Ruwer. Das Barockpalais, von 1740 bis 1746 erbaut, liegt mitten in der Stadt in der Liebfrauenstraße, in unmittelbarer Nähe des Domes. Günther Reh „öffnete" das Gebäude, der große Weinkeller wurde zugänglich, Ausbaumaßnahmen in diesem Keller ermöglichten Weinproben und repräsentative Veranstaltungen. Eine Gelegenheit, die von der Stadt Trier immer wieder genutzt wurde. Hatte man dort die Möglichkeit, nicht nur über die Weinstadt zu reden, sondern sie auch zu präsentieren und zu probieren. Zeitweise hatte Günther Reh auch die Idee, im großen Weinkeller des Weingutes ein Weinmuseum zu errichten. Er hatte nicht nur die Idee und redete darüber, er handelte. Er nutzte schon erste Möglichkeiten, einzelne Ausstellungsstücke für dieses geplante Museum zu erwerben. Ein Weimuseum mitten in der Stadt hätte der Weinstadt Trier gut zu Gesicht gestanden. Die Initiative und das Engagement von Günther Reh versprachen einen Erfolg. Er suchte aber auch die Beteiligung der Region an diesem Projekt. Diese kam leider in dem gewünschten Umfang nicht zustande. In Teilen des Palais wurde ein Weinlokal eingerichtet, und ein Restaurant der gehobenen Klasse ergänzte das Angebot. Durch diese Initiativen wurde die Trierer Innenstadt um eine Wein-Attraktion reicher. Es wurde eine Lücke geschlossen. Es gab in der Innenstadt durch eine Privatinitiative ein attraktives Weinangebot, der Wein von Mosel-Saar-Ruwer konnte sich hervorragend präsentieren

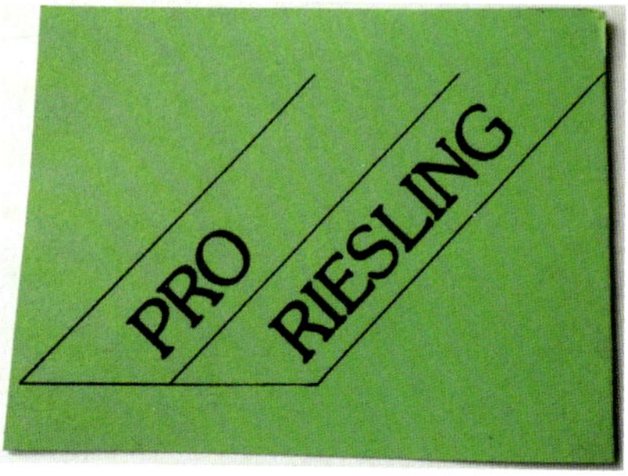

Logo Pro Riesling

Am 25. April 1985 wurde in Trier im Europa-Parkhotel (seit 2018: Best Western Hotel Trier City) die **Pro Riesling** GmbH gegründet.[13] Der Riesling, die Imagepflege dieser wertvollen Rebsorte, sollte im Mittelpunkt der Arbeit dieser Gesellschaft stehen. Zu Beginn der 80er Jahre hatte der Riesling, wie bereits angedeutet, an Bedeutung verloren. Es erschien deshalb sinnvoll und nötig, den Riesling-Wein als Weißwein Nummer 1 in Deutschland durch gezielte Öffentlichkeitsarbeit herauszustellen. In der Weinfachzeitschrift „Alles über Wein“ konnte man in der Ausgabe 2/1985 dazu lesen: „Der Riesling vermochte mit der Erweiterung der Anbauflächen in jenen Weinbaugebieten nicht Schritt zu halten, in denen Weinbau vorwiegend in Steillagen betrieben wird. Der hohe Kostenaufwand für die in diesen Lagen erforderlichen ausschließlich manuellen Boden- und Stockarbeiten führte in den letzten Jahrzehnten zur Aufgabe zahlreicher Parzellen in den Steillagen von Mosel und Mittelrhein, während der Riesling seine Position etwa in den Hanglagen des Rheingaus nicht nur behaupten, sondern sogar ausbauen konnte. Eine derartige Expansion wäre auch in den anderen klassischen Rieslinganbaugebieten denkbar, wenn die Kosten und Erlössituation in besserem Einklang stünden. Voraussetzung dafür ist eine weinbau-technisch mögliche Qualitätssteigerung dieser Weine und eine konsequente Anhebung der Wertanmutung des Rieslingweins aus Steillagen beim Konsumenten. Dass es sich lohnt dieses Ziel anzustreben, mag allein aus der Tatsache resultieren, nach der sich der Rieslingwein international geradezu als Flaggschiff – um es kämpferischer zu sagen – als die Speerspitze der deutschen Weißweinerzeugung profilieren konnte. Wenn der deutsche Weißweinanbau sein Ansehen nicht aufs Spiel setzen möchte, darf er den Riesling aus vordergründig wirtschaftlichen Motiven nicht ins Abseits drängen.“[14]

[13] *Von der Idee im Jahre 1983 bis zur Umsetzung, über zahlreiche Aktivitäten wird sehr ausführlich in der Chronik „Pro Riesling – Chronik 1985–2000“, Dokumentation von Walter Degenhardt, Trier 2002, berichtet.*

[14] *Alles über Wein, Ausgabe 2/1985, zitiert nach: Degenhardt, Walter a.a.O., S. 1.*

Der Gründung von Pro Riesling waren zahlreiche Informationsgespräche vorausgegangen. Ihren Ausgangspunkt hatte diese „Riesling-Initiative“ im Trierer Restaurant Pfeffermühle. Dort war Günther Reh im Februar 1983 Gastgeber von Angelika Jahr und ihrem Mann Rudolf Stilcken. Angelika Jahr arbeitete seit Jahren in leitender Funktion als Herausgeberin und Chefredakteurin beim Verlag Gruner und Jahr. Ihre Idee war die Zeitschrift „Essen und Trinken“, das erste Magazin dieser Art in Deutschland. Ihr Mann Rudolf Stilcken war als Public-Relation-Berater in der Werbebranche zu Hause. Günther Reh hatte zu diesem Treffen auch Oberbürgermeister Felix Zimmermann und den Wirtschaftsdezernenten Helmut Schröer eingeladen. Natürlich wurde in dem Gespräch auch über den Wein gesprochen. Und es wurde nicht nur darüber gesprochen, sondern es wurde auch ein Kesselstatt-Riesling getrunken. Die Begeisterung und Anerkennung war groß. Auf Grund der allgemeinen Diskussion hatte man sich unter Riesling, insbesondere Riesling aus dem Gebiet Mosel-Saar-Ruwer, etwas anderes vorgestellt. Da gäbe es wohl ein Imageproblem, Diesem zweifelhaften Ruf entgegenzuwirken, sei wohl auch eine Aufgabe für die Stadt Trier, dem Oberzentrum im größten deutschen Riesling-Anbaugebiet. Die Stadt Trier stand im Jahre 1983 in den Vorbereitungen für die 2000-Jahr-Feier im Jahre 1984. Und die Gründung beispielsweise einer Stiftung für den Riesling schien doch ein wichtiges, ein angemessenes Ereignis im Jubiläumsjahr zu sein.[15]

Eine wichtige Aufgabe war es nun, die Idee Wirklichkeit werden zu lassen. Oberbürgermeister Felix Zimmermann delegierte diese Aufgabe an den Wirtschaftsdezernenten. Eine Voraussetzung für den Erfolg der Riesling-Initiative war die Beteiligung und Mitarbeit aller Riesling-Anbaugebiete bundesweit. Es wurde ein Arbeitskreis gebildet, dem neben dem Trierer Wirtschaftsdezernenten Helmut Schröer, der Präsident des Verbandes Deutscher Prädikatsweingüter Erwein Graf Matuschka Greiffenclau, Schloss Vollrads (Rheingau), Rudolf Stilcken, Heinz-Gert Woschek, Herausgeber und Chefredakteur der Zeitschrift „Alles über Wein“, Mainz, und Herbert Winter, Büro für Kommunikation, Hamburg, angehörten. In dieser Arbeitsgruppe wurden in zahlreichen Gesprächen die Aufgaben und Ziele der neuen Initiative erarbeitet. Natürlich wurden auch die Voraussetzungen und Schritte für die Gründung behandelt. Welchen Titel sollte für die Riesling-Initiative

[15] *In den weiteren Gesprächen in der Entwicklungsphase wurde deutlich, dass der Gedanke einer Stiftung aus steuerlichen Gründen nicht verwirklicht werden konnte. Man wählte schließlich die Form einer GmbH. Diese Initiative erforderte zusätzliche Überlegungen. Auch aus diesem Grunde war die ursprüngliche Absicht, die Riesling-Initiative im Jubiläumsjahr zu starten, nicht umzusetzen.*

gewählt werden? Ein Namen, der auch die Ziele andeutete. Man entschied sich für den Namen „Pro Riesling“.

Aufgaben und Ziele von Pro Riesling wurden erarbeitet und später im Gesellschaftsvertrag der Pro Riesling GmbH und in der Satzung des angeschlossenen Fördervereins festgelegt: „Ziel ist die kontinuierliche Aufklärung über Wert und Nutzen des Riesling-Anbaus in den dafür geeigneten Lagen, sowie gezielte Information über Sonderstellung und Qualität der Rieslingweine. Gesellschaft und Verein wollen dazu beitragen, die traditionelle Stellung des Rieslingweins zu erhalten und auszubauen, durch entsprechende Maßnahmen die Leistungen der Weinbaugebiete, der Institutionen des Weinbaus und des Weinhandels zu ergänzen und zu unterstützen,

- durch Information und Aktion das Bewusstsein der Gastronomie und der Verbraucher für Eigenart, Eigenschaften und Produktqualität des deutschen Rieslings zu stärken,
- durch Öffentlichkeitsarbeit die Sonderstellung des Riesling als wertvollste deutsche Rebsorte herauszustellen,
- das Wissen in Weinbau und Weinwirtschaft über Nutzen und Qualität des Rieslinganbaus zu fördern und damit zu qualifizierter Vermarktung beizutragen,
- durch die Verankerung der Gesellschaft in der ältesten deutschen Metropole Trier und Zentrum des größten deutschen Rieslinganbaugebietes die historische und zentrale Rolle des Rieslings im deutschen und internationalen Weinbau darzustellen.“[16]

Am 25. April 1985 trafen sich in Trier nach intensiven Vorbereitungen und zahlreichen Informationsgesprächen Vertreter der Weinwirtschaft, der Gastronomie, der weinwirtschaftlichen Verbände, der Wirtschaft, der Kommunen und Gebietskörperschaften, um die Pro Riesling GmbH und den Förderverein „Pro Riesling“ zu gründen. Ein Blick in die Liste der anwesenden Gründungsmitglieder zeigte eines sehr deutlich: Pro Riesling war von Anfang an nicht eine regionale Initiative, sondern wollte überregional wirken. Marketing für den Riesling war offensichtlich nicht nur eine Zielsetzung, die an der Mosel gefordert wurde. Pro Riesling war also von Anfang an keine ausschließlich Mosel-Vertretung, wenn auch die Stadt Trier bei den Vorbereitungen zur Gründung entscheidend mitgewirkt hatte und die Geschäftsstelle in Trier war. Dies wurde sehr deutlich durch den Gründungsvorstand des Pro Riesling e.V. und die Besetzung des Beirates der GmbH:

[16] *Degenhardt, Walter: a.a.O., S. 14.*

Gründer von Pro Riesling am 25. April 1985

Pro Riesling e.V. – Vorstand

- Georg Raquet, Wachenheim, Vorsitzender (Weingut Dr. Bürklin-Wolf)
- Wilhelm Haag, Brauneberg, stellvertretender Vorsitzender (Weingut Fritz Haag)
- Hans Joachim Steifensand, Worms, Schatzmeister, (Weinhandel P. J. Valckenberg GmbH

Pro Riesling GmbH – Beirat

- Erwein Graf Matuschka, Vorsitzender, Schloss Vollrads (Präsident des Verbandes Deutscher Prädikatsweingüter)
- Josef Schamari, Hochheim, stellvertretender Vorsitzender (Bundesverband des Deutschen Wein- und Spirituosenhandels)
- Prof. Dr. Helmut Arntz, Bad Honnef (Gesellschaft für die Geschichte des Weins)
- Dr. Richard Groß, Trier (Landrat Kreis Trier-Saarburg)
- Joachim Immelnkemper Trier (Verband Deutscher Sektkellereien)
- Rudolf Katzenberger, Rastatt (Restaurant Adler)
- Dr. Ulf-Peter Krause, Trier (Industrie und Handelskammer Trier)
- Peter Meininger, Neustadt (Meininger Verlag)
- Helmut Schröer, Trier (Beigeordneter, Wirtschaftsdezernent der Stadt Trier)

In der ersten Vorstandssitzung nach der Gründung am 11. Juni 1985 wurde auf Vorschlag der Stadt Trier der ehemalige Protokollchef der Stadt Trier, Walter Degenhardt, zum Geschäftsführer des Pro Riesling e.V. berufen. Nach 15jähriger erfolgreicher Tätigkeit wurde er im Jahre 2000 verabschiedet. Pro Riesling zählte zu diesem Zeitpunkt 430 Mitglieder in ganz Deutschland. Neben der Bereitschaft, die Idee Marketing für den Riesling zu unterstützen, waren für die breite Resonanz vor allem die verschiedenen Aktivitäten verantwortlich.

In einer Pressemitteilung zur Ausstellung „ProWein" des Jahres 2006 wurde unter dem Titel „Deutschland: Riesling weiter auf dem Vormarsch" über eine „Riesling-Renaissance", die weltweit festgestellt werden konnte, berichtet: „Unbestrittenes Aushängeschild der deutschen Weinszene ist der Riesling, der nicht nur im nationalen Rebsortenspiegel mit rund 20 Prozent Anteil an der Gesamtrebfläche (zirka 102.000 Hektar) den Spitzenplatz einnimmt. ‚Riesling ist kein Trend mehr', meint Philipp Wittmann vom Weingut Wittmann in Westhofen/ Rheinhessen, ‚Riesling ist längst etablierter Spitzenwein'."[17] Die Zeiten für den Riesling hatten sich offensichtlich zum Positiven entwickelt. Daran war auch Pro Riesling beteiligt. Für die Weinstadt Trier hatte Pro Riesling natürlich eine besondere Bedeutung. War doch die Idee, das Image des deutschen Rieslings zu verbessern, die Riesling-Kultur zu fördern, in Trier entstanden. Die Gesellschaft und der angegliederte Verein waren 1985 in Trier gegründet worden. Die Geschäftsstelle, von Walter Degenhardt geleitet, arbeitete von Trier aus. Durch diese Initiative, durch die Arbeit von Pro Riesling wurde die Bedeutung der „Weinstadt Trier" nachhaltig hervorgehoben.

Am 29. März 1979 hatte der Trierer Stadtrat den Beschluss befasst, im Jahre 1984 die „Zweitausendjahrfeier der Stadt Trier" zu feiern. Für die Stadt Trier war dieses außerordentliche Jubiläum die große Chance, sich als älteste deutsche Stadt zu präsentieren. Das Jubiläumsjahr bot aber auch die Möglichkeit, die aktuelle Stadt und die Zukunft Triers in den Mittelpunkt zu stellen. Der offiziell vorgestellte Veranstaltungsrahmen wurde sehr bald ergänzt durch zahlreiche ergän zende Vorschläge.

Natürlich durfte auch das Thema „Wein" im Veranstaltungsprogramm nicht fehlen. Bot doch die Zweitausendjahrfeier die großartige Möglichkeit, die „Weinstadt Trier" herauszustellen, die Begegnung mit dem Wein zu fördern und die Geschichte der 2000jährigen Stadt Trier mit der Weinkultur und dem Wein als Wirtschaftsfaktor aufzuzeigen. Natürlich setzte das offizielle Veranstaltungs-

[17] *Magazin ProWein vom 3. März 2006: „Deutschland: Riesling weiter auf dem Vormarsch".*

programm einen Weinschwerpunkt: „In der ältesten Weinstadt Deutschlands, wo heute mehr als drei Millionen Rebstöcke im Ertrag stehen. Wo berühmte, weltbekannte Weingüter und namhafte Weinkellereien ihren Sitz haben, wo die Weinkeller-Anlagen unter den Häusern und Straßen eine besondere Stadt für sich sind, treffen sich im Jubiläumsjahr die Weinfreunde und solche, die es werden wollen."[18] Es wurde für den Weinlehrpfad im Olewiger Tal geworben, Kellerbesichtigungen wurden angeboten, und die Trierer Volkshochschule lud ein zum „Trierer Riesling-Weinseminar". Aufgeführt wurden auch die „ganzjährig geöffneten Weinprobierstuben in der Innenstadt":

- Lenz Weinstuben, Viehmarktplatz,
- Zum Domstein/Römischer Weinkeller,
- Hauptmarkt Weingut Reichsgraf von Kesselstatt, Liebfrauenstraße,
- Weinlädchen im Hotel Haag, Stockplatz.

Dies war ein sehr überschaubares Angebot und bestätigte einmal mehr die kommunalpolitische Initiative, durch gezielte Maßnahmen die Stadt Trier mehr als Weinstadt zu profilieren. Natürlich wurde im Jubiläumsjahr wieder zur erstmals 1982 durchgeführten Weinprobe der Stadt Trier eingeladen. In dieser Veranstaltung wurde auch der Weinpreis der Stadt Trier verliehen. Überlegt wurde auch, einen **Weinstand auf dem Trierer Hauptmarkt** zu einer Dauereinrichtung zu machen. Allerdings musste dieser Weinstand dann auch eine besondere optische Qualität haben. Der Trierer Hauptmarkt, das Zentrum der Stadt, seine denkmalpflegerische Bedeutung, verlangte eine besondere Gestaltung. Es wurde ein kleiner Wettbewerb ausgeschrieben. Das Ergebnis war ein Weinstand, der sich mit seiner modernen Gestaltung gut in das Gesamtbild des mittelalterlichen Hauptmarktes einfügte. Die Diskussion um den Weinstand auf dem Trierer Hauptmarkt blieb natürlich dem Landrat des Kreises Trier-Saarburg, Dr. Richard Groß, nicht verborgen. Diese Weinpräsentation mitten in der Stadt Trier müsse doch auch eine Möglichkeit für die Winzer der Region sein, ihre Weine anzubieten. Immerhin sei die Stadt Trier, und damit werbe sie auch, das Oberzentrum des bedeutenden Anbaugebietes Mosel-Saar-Ruwer. Eine Diskussion darüber fand natürlich nicht statt. In dieser Frage wurde die Aussage „Stadt und Land – Hand in Hand" sehr schnell bestätigt. Seit 1984 haben nun die regionalen Winzer aus der Stadt Trier und dem Landkreis Trier-Saarburg die Möglichkeit, im Herzen der Stadt ihre Weine anzubieten. Der Weinstand auf dem Trierer Hauptmarkt ist für die Gäste

[18] *Veranstaltungsprogramm 1984–2000 Jahre Stadt Trier, 1. Auflage, S. 11.*

Weinstand auf dem Trierer Hauptmarkt

der Stadt und der Region ein Ort der Begegnung mit der „Weinstadt Trier". Er ist vom Hauptmarkt nicht mehr wegzudenken. In der Regel wird die Weinsaison in Triers Wohnzimmer im März eines jeden Jahres eröffnet. Bis Anfang November präsentieren dann über 70 Winzer, zwei Betriebe in einer Woche, ihre Produkte. Inzwischen hat sich der Weinstand zu einer Attraktion für die „Weinstadt Trier" entwickelt; sowohl für die Gäste der Stadt als auch für die Winzer. Er ist „Kult" geworden.

Natürlich war die Stadt Trier auch bemüht, das Thema „Wein" durch besondere Veranstaltungen auch im Rahmen der Zweitausendjahrfeier in den Mittelpunkt zu stellen. Diese Bemühungen waren erfolgreich. Denn vom 6. und 7. Oktober 1984 fanden in Trier die **Wahl und die Krönung der Deutschen Weinkönigin** statt. Trier als Krönungsstätte – das war außergewöhnlich. Denn Neustadt an der Weinstraße war traditionell Veranstaltungsort. In Trier wurde aber trotz dieser Tradition die Frage gestellt, ob das Jubiläumsjahr 1984 nicht ein Anlass sein sollte, die Wahl und die Krönung in Deutschlands ältester Stadt stattfinden zu lassen. Eine Idee, die verständlicherweise in Neustadt für Unruhe sorgte. War dies doch möglicherweise der erste Schritt für weitere Wünsche aus anderen Städten in Deutschland. Und so meldete sich schon bald der Neustadter Oberbürgermeister im Trierer Rathaus. In einem Gespräch konnten ihm seine Sorgen genommen werden. Für Trier war dies ein einmaliges Ereignis, begründet durch das Jubiläumsjahr 1984.

Der Vorschlag „Trier“ stieß bei den Verantwortlichen der Wahl der Deutschen Weinkönigin auf große Zustimmung. Die Geschäftsführerin der Weinwerbung Mosel-Saar-Ruwer, Christel Erbisch, nahm entscheidenden Einfluss. Wiederholt hatte sie 1984 mitgeholfen, das Thema „Wein“ auch zu einem Thema der Jubiläumsfeier zu machen. Sie hatte im Herbst des Jubiläumsjahres dafür gesorgt, dass sich die Simeonstraße in eine Riesling-Straße verwandelte, in der sich zahlreiche Weinbaubetriebe und Weingüter des Anbaugebietes Mosel-Saar-Ruwer mit ihren Kreszenzen präsentierten. In Gesprächen mit den Kolleginnen und Kollegen der anderen deutschen Anbaugebiete hatte sie sehr schnell eine große Zustimmung für den Veranstaltungsort Trier gefunden. Und auch der Veranstalter der Wahl, das Deutsche Weininstitut, unterstützte den Trierer Wunsch.

Programmheft

So konnte die Veranstaltung unter dem Motto „2000 Jahre Weinmetropole Trier – Wahl der Deutschen Weinkönigin am 6. und 7. Oktober 1984 in Trier“ stattfinden. Veranstaltungsort war die Trierer Europahalle. Das erste Oktoberwochenende 1984 war eine große und nachhaltige Werbung für die „Weinstadt Trier“. Bereits am 5. Oktober 1984 wurde vor der Porta Nigra ein Weindorf eröffnet. Alle deutschen Anbaugebiete stellten sich dort vor und präsentierten ihre Weine. Für die Weinfreunde war dies eine einmalige Gelegenheit, die deutschen Weine und ihre Besonderheiten bei einem Rundgang durch das Weindorf zu testen, eine „reizvolle Vielfalt der 11 Landschaften“. In der Europahalle fand am 6. Oktober die Wahl und die Krönung der deutschen Weinkönigin statt; umrahmt von einem Programm, das auch von dem „Internationalen Tanz- und Showorchester Alb Hardy“ musikalisch gestaltet wurde. Im Mittelpunkt aber standen die Gebietsweinköniginnen der deutschen Anbaugebiete, die von Sigi Harreis, einer bekannten und populären Moderatorin des Südwestfunks (heute: Südwestrundfunk, SWR), vorgestellt, befragt und sicher durch die Sendung geleitet wurden. Die Wahl war sehr spannend. Am Ende triumphierte Ursula Maur von der Ahr. Weinprinzessinnen

Deutsche Weinkönigin 1984

wurden Christine Weis (Mosel), Beate Weilbächer (Rheingau) und Simone Stutzmann (Rheinpfalz).

Auch am 7. Oktober war das Weindorf vor der Porta Nigra noch geöffnet. Oberbürgermeister Zimmermann stellte vormittags auf der Bühne vor der Porta Nigra die neugewählte Deutsche Weinkönigin vor. Und die Bürgerinnen und Bürger der Stadt und der Region Trier hatten an diesem Tag, an diesem Wochenende das stolze Gefühl, dass der Titel „Weinstadt Trier" berechtigt war, Trier war Anfang Oktober 1984 das Zentrum des deutschen Weins. Dazu hatte natürlich auch die umfangreiche Berichterstattung über

Vorstellung der neuen Weinkönigin vor der Porta Nigra

die Veranstaltung in der Presse, im Rundfunk und im Fernsehen beigetragen. Die Veranstaltung in der Europahalle war live übertragen worden.

Im Trierer Rathaus hatte man für das Jubiläumsjahr die zusätzliche Idee, durch eine außergewöhnliche Weinpräsentation das Thema „Weinstadt Trier" in den Mittelpunkt zu stellen. Das Ergebnis war **die Raritätenweinprobe der Stadt Trier**. Mit einer einzigartigen Weinpräsentation sollte die Bedeutung Triers als Weinstadt aufgezeigt werden. Das Jubiläumsjahr 1984 schien dabei der geeignete Anlass. Diese Idee fand in vorbereitenden Gesprächen großen Zuspruch. Aber die Umsetzung erschien schwierig. Wo konnte man Raritäten finden, die dem Anspruch einer „einzigartigen Veranstaltung", einige Teilnehmer sprachen später von einer „Jahrhundertweinprobe", entsprachen? Natürlich konnte mit den bekannten Trierer Weingütern gesprochen werden: den Bischöflichen Weingütern, dem Weingut Friedrich-Wilhelm-Gymnasium, den Vereinigten Hospitien, der Staatlichen Weinbaudomäne und dem Weingut Reichsgraf von Kesselstatt. Raritäten waren dort sicher vorhanden. Verschlossen, wie man bei Kellereibesichtigungen immer wieder festgestellt hatte. Wie gerne hätte man da einmal solche Kostbarkeiten probiert. Eine Raritätenweinprobe im Rahmen der Zweitausendjahrfeier schien eine Chance zu sein, diese langgehegten Wünsche Wirklichkeit werden zu lassen. Aber nur mit Weinen der großen Weingüter allein war eine solche Weinprobe nicht zu erreichen. Und wieder war es Christel Erbisch. Sie erschien wie eine Retterin. Sie kannte als Geschäftsführerin der Weinwerbung Mosel-Saar-Ruwer „ihre" Winzerinnen und Winzer, „ihre" Betriebe im Anbaugebiet. Sie kannte zahlreiche Weinkommissionäre. Hilfreich war auch die Trierer Industrie- und Handelskammer und ihr Ehrenpräsident Gerd Schaeidt. Die Kammer hatte sich seit ihrer Gründung intensiv mit allen weinwirtschaftlichen und weinrechtlichen Fragen befasst und wurde ob ihrer Federführung in weinrelevanten Fragen

Weinprobenkarte

als die „Weinkammer“ in der Bundesrepublik bezeichnet. Bei der Vorbereitung und Durchführung leistete die Kammer großartige Hilfe.

Natürlich kostete die Realisierung dieser Idee auch Geld. Und es ist wie häufig in solchen Situationen: Eine Idee wird geboren, aber die Umsetzung dieser Idee ist schwierig. Oft melden sich in einer solchen Situation in Trier Skeptiker. Und es heißt dann häufig; „Dat loh, dat giet suwiesu neist.“ Aber in diesem Fall wurde die Idee realisiert. Die Trierer Sparkasse trat als Sponsor auf, und die angesprochenen Winzer und Weinbaubetriebe fanden die Idee einer Jahrhundertweinprobe faszinierend und öffneten ihre Keller. Das Ergebnis war eine „Weinsensation“. Weine aus den Jahren 1975, 1969, 1964, 1971, 1959, 1976, 1937, 1966, 1949, 1938 und 1921 standen am Ende der Vorbereitungen in der Probenkarte der Raritätenweinprobe der Stadt Trier. Sie fand am 20. Oktober 1984 im Großen Rathaussaal der Stadt Trier statt.

Fünfundzwanzig Weine waren für die Raritätenweinprobe zusammengestellt worden. Als die Probenkarte verteilt wurde, ging ein Raunen durch den Großen Rathaussaal. Und Oberbürgermeister Felix Zimmermann begrüßte dann auch die Gäste mit Stolz: „Es ist zwar nicht möglich, Ihnen einen Wein aus dem Geburtsjahr unserer Stadt bieten zu können, – dies wäre sicher auch ein zweifelhaftes Vergnügen – aus dieser Zeit stehen allenfalls kunstvolle Gefäße zur Verfügung. Ich freue mich aber, Ihnen heute eine Übersicht über Weine dieses Jahrhunderts bieten zu können, die für unser Weinbaugebiet und die Weingüter der Stadt Trier repräsentativ sind … die Zusammensetzung der Weine dürfte, um einmal das Adenauer-Wort zu zitieren „einzig“ sein.“[19] Natürlich nutzte der Oberbürgermeister auch die Gelegenheit, die „Weinstadt Trier“ besonders hervorzuheben: „Hier in Trier an der Mosel ist das Weintrinken, das Weingenießen, sicher zu einem Teil des „Savoir-vivre“ geworden; es liegt am Charakter dieses Getränks, anzuregen, zu verbinden und über dieses Medium Kontakt zur Landschaft, ihrer Kultur und ihren Menschen zu finden. Welches Getränk ist schon in der Lage, ob seiner Vielgestaltigkeit in allen Situationen, jeder Stimmung, adäquater Begleiter zu sein? Wir sind uns des wertvollen Gutes und der besonderen Gnade unserer Landschaft, Weinbaugebiet zu sein, bewusst. Dies bedeutet neben dem Verständnis für dieses Produkt auch die Nutzung und die besondere Betonung der Spezifika. Die Stadt Trier nutzt die Chance, neben dem attraktiven Gut „Wein“ Interessenten in aller Welt anzusprechen, zu werben für unsere Region und ihre Leistungsfähigkeit; auch

[19] *Probenbuch der Raritätenweinprobe der Stadt Trier, S. 3.*

Raritätenweine im großen Rathaussaal

die Weinstadt Trier soll selbstverständliches Bewusstsein ihrer Bürger und ihrer Besucher werden.[20]

Die Trierer Presse zitierte den Oberbürgermeister, der von „einer der größten Weinproben seit dem Kriege"[21] gesprochen hatte. Die Resonanz bei den Teilnehmern, aber auch in der Presse war entsprechend. Und der „König" des Abends" war eine 1921er Ockfener Bockstein Trockenbeerenauslese mit 260 Grad Öchsle. „1921 wuchs der Beste vom Besten – das belegte der ‚König' auf eindrucksvolle Weise. Dunkelbraun residierte er im schlanken Treveris-Glas, mehr als sechs Jahrzehnte sorgsam gehütet, gehegt und gepflegt. Abgesehen von seiner Braunfärbung, schien die Zeit spurlos an ihm vorübergegangen zu sein: In das mit der ungeheuren Wucht von 260 (!) Grad Öchsle Mostgewicht gespeiste Bukett dieser Kostbarkeit mischte sich ein Hauch von Zeitlosigkeit, ja von Unendlichkeit."[22] In seinem Buch

[20] *Ebd., S. 2.*

[21] *Trierischer Volksfreund vom 22. Oktober 1984: „Bereits 63 Jahre alt und 260 Grad Öchsle schwer: 1921er Ockfener Bockstein Trockenbeerenauslese" (Wolfgang Magnus).*

[22] *Ebd.*

über „Die großen Weine Deutschlands“ hatte Stefan Andres über eine andere von ihm getrunkene 1921er Trockenbeerenauslese geschrieben:

> „Der tiefdunkle Wein schimmert wie
> ein Morgenrötesaphir;
> sein Atem riecht nach einem ganzen
> Blumenstrauß und von Ferne nach
> Ananas und Erdbeeren.
> Seine Süße ist edelreif,
> seine Säure mild.
> Sein Temperament ist ausgeglichen,
> aber lange noch nicht matt oder müde.
> Ein königlicher Wein, von dem man
> sich nicht ohne Schmerz verabschiedet,
> denn man ahnt, dass man ihm nie wieder
> begegnen wird.“[23]

Die „Weinstadt Trier“ profilierte sich mehr und mehr. Schon Mitte der 80er Jahre konnte auf die Frage „Wo kann ich in der Innenstadt die Weinstadt Trier erleben?“ eine qualifiziertere Antwort gegeben werden. Erste private Initiativen in der Innenstadt wiesen die Stadt Trier auch als Weinstadt aus. Die städtischen Bemühungen und Initiativen wurden überregional registriert. Am 18. November 1985 „blickte die Weinwelt auf die Moselhauptstadt, wo die Versteigerung deutscher Spitzenkreszenzen aus Anlass des 75jährigen Bestehens der Vereinigung Deutscher Prädikats- und Qualitätsweingüter (VDP) für positive Schlagzeilen sorgte.“[24] Es war eine „Olympiade der deutschen Topweine“, „eingebunden war diese Veranstaltung der Superlative in ein äußerst attraktives Rahmenprogramm. Das auch dank der beispielhaften Initiative der Stadt Trier zu begeistern wusste. ‚Trier ist auf dem besten Wege, die (!) Weinstadt Deutschlands zu werden‘: In diesen bemerkenswerten Satz kleidete Erwein Graf Matuschka-Greiffenclau seine Begeisterung für das außergewöhnliche Geschehen in Deutschlands ältester Stadt.“ Auch durch diese Jubiläumsveranstaltung des VDP wurde der Ruf Triers

[23] *Aus: Andres, Stefan: „Die großen Weine Deutschlands“. Berlin/Wien 1960. In seinem Buch schildert Stefan Andres die „Begegnung“ mit einer „1921er Eitelsbacher Karthäuserhofberger Burgberg feinste Auslese, Fudernummer 4, Wachstum Hans Wilhelm Rautenstrauch.“ Zitiert nach: Trierischer Volksfreund vom 22. Oktober 1984: a.a.O.*

[24] *Magnus, Wolfgang: „Die Weinwelt blickte auf Trier – Jubiläums-Spitzenweinversteigerung mit bemerkenswerter Ausstrahlung in das In- und Ausland.“ In: Trierer Wirtschaft – heute, Jahreszeitschrift 1986/87, S. 76.*

Raritäten

als Weinstadt gefestigt. Es war so weiter eine Basis für private Initiativen gelegt, die sich dann auch folgerichtig in den folgenden Jahren einstellten. Wein genießen, die Weinstadt qualifiziert erleben, und dies nicht nur im Weinstadtteil Olewig, sondern auch in der Innenstadt wurde zunehmend zu einer gern genutzten Möglichkeit – von den Triererinnen und Trieren und von den Gästen der Stadt.

12 // Städtepartnerschaften
Ein Modell im 21. Jahrhundert?

Der Trierer Ehrenbürger Jean-Claude Juncker äußerte sich am Ende seiner Amtszeit als Kommissionspräsident in einem Interview zu dem Problem, dass die Gegensätze in Europa „schroffer geworden" seien. „Man liebt sich nicht mehr genug in Europa. Hinzu kommt, dass sich das Verständnis und das Wissen übereinander nicht wirklich entwickelt haben." Man habe versucht, alle zusammenzuführen. „Aber es ist schwerer geworden. In einer Union, in der das Verständnis füreinander nicht wirklich groß ist."[1]

Eine ernüchternde Bilanz des Trierer Ehrenbürgers, die in Trier mit großer Aufmerksamkeit registriert wurde. Trier hat sich seit dem Zweiten Weltkrieg zu einer europäischen Stadt entwickelt. Die trennenden Grenzen in Europa zu überwinden, die Menschen in Europa zu vereinen, entscheidet auch über die Zukunft der Stadt Trier. Europa – das ist eine der wichtigsten Aufgaben auch der Trierer Kommunalpolitik. Darauf hat Jean-Claude Juncker auch anlässlich der Verleihung der Ehrenbürgerwürde überzeugend hingewiesen: „Europa ist etwas Kostbares, ist nichts Selbstverständliches, nichts Gegebenes, nichts, was bleibt, wenn die, die für diesen Kontinent zuständig sind, sich nicht ernsthaft um diesen Kontinent und um sein friedliches Wachsen und Zusammenwachsen bemühen. Dies ist Auftrag für Trier, eine Stadt, in der Europa stets zu Hause war, nicht nur überzeugungsmäßig, sondern auch in vielfältiger Weise sichtbar."[2]

Jean-Claude Juncker

[1] *Trierischer Volksfreund vom 27. September 2019: „Man liebt sich nicht mehr genug in Europa."*

[2] *Rede Premierminister Jean-Claude Juncker anlässlich der Verleihung der Ehrenbürgerwürde der Stadt Trier am 27. Mai 2003.*

Sichtbar wird dieses Bemühen der Stadt Trier vor allem durch den Stellenwert, den „kommunale Außenpolitik" in der Stadt Trier hatte. Nach dem Zweiten Weltkrieg war es eine wichtige Aufgabe der Kommunalpolitik in Trier, die Stadt als gleichberechtigtes Mitglied der Städtegemeinschaft zu entwickeln. Deshalb gab es schon in den 50er Jahren Bemühungen, Städtepartnerschaften zu begründen. Inzwischen ist die Stadt Trier mit neun Städten partnerschaftlich verbunden. Eine beachtliche Zahl. Es begann 1957 mit der französischen Stadt Metz und der englischen Stadt Gloucester und endete „vorerst" 2010 mit der chinesischen Stadt Xiamen.

Weitere freundschaftliche Verbindungen bestehen noch mit Ascoli Piceno in Italien (1958), Herzogenbusch in den Niederlanden (1968), mit Pula in Kroatien (1971), mit Weimar in Thüringen (1987), mit Fort Worth in den USA (1987), mit Nagaoka in Japan (2006) und mit Xiamen in China (2010).

Neun Städtepartnerschaften sind für eine Stadt wie Trier eine beachtliche, eine dauerhafte Herausforderung. Denn mit einer Unterschrift unter die Partnerschaftsurkunden zu Beginn ist es natürlich nicht getan. Laufend sind Aktivitäten erforderlich, sollten diese Verbindungen nicht nur auf dem Papier stehen. Eine Städtepartnerschaft muss mit Leben erfüllt werden, von den Bürgerinnen und Bürgern. Aber auch das Rathaus ist fortwährend gefordert. Offizielle Kontakte sind wichtig. Wichtiger ist aber das Miteinander der Menschen. Die Partnerschaft muss gelebt werden. In Trier wird diese Aufgabe in vorbildlicher Weise von Partnerschaftsgesellschaften übernommen. Es sind dies Bürgerinitiativen im besten Sinne des Wortes. Die Rathäuser müssen so in vielen Fällen nur noch unterstützend tätig werden. Bürgerbegegnungen finden statt, ohne dass offizielle Stellen eingeschaltet werden müssen. Die Bürgerinnen und Bürger haben oft die Städtepartnerschaft zu ihrer Sache gemacht. Dies ist die herausragende Qualität dieser Partnerschaften.

Die Geschichte der Partnerschaften in Trier ist eine Erfolgsgeschichte. Verwundern muss deshalb die immer wieder gestellte Frage, ob denn Städtepartnerschaften im 21. Jahrhundert noch Sinn haben. Ist es nicht so, so wird gefragt, dass die politische Situation in Europa, in der Welt Partnerschaften überflüssig macht? Ich erinnere mich beispielsweise an die Städtepartnerschaft mit Weimar.[3] Diese Partnerschaft wurde 1987 in der Zeit der deutschen Teilung begründet. Die Verhandlungen wurden sehr stark durch die allgemeine Politik bestimmt. Das Jahr 1989, die sich abzeichnenden weltpolitischen Veränderungen, das Aufbegehren der Bürger in der ehemaligen DDR, der Fall der Mauer, die Wiedervereinigung

[3] *Vgl. dazu: Schröer, Helmut/Lintz, Dieter: „Trier – Weimar: Eine deutsche Städtepartnerschaft", Trier 2012.*

Begründung der Städtepartnerschaft Trier – Weimar 1987

Bestätigung der Städtepartnerschaft Trier – Weimar 1990

trafen die Partnerschaft zwischen Weimar und Trier in ihrem Kern. Das Ergebnis war eine Städtepartnerschaft zwischen Städten des gleichen Staates. Eine ungewöhnliche Situation. Und es wurde schon damals gefragt, ob es noch Sinn mache, in dem wiedervereinigten Deutschland eine deutsch-deutsche Städtepartnerschaft aufrecht zu erhalten. Tatsächlich ließ man nach der Wiedervereinigung in vielen deutschen Städten die kurz vorher beschlossenen Partnerschaften einschlafen oder beendete sie offiziell. Am 9. November 1989 gab es 98 deutsch-deutsche Partnerschaften. Am 3. Oktober 1990 zählte man 854. Die euphorische Stimmung der Wendezeit hatte zu einer „Partnerschaftswelle" geführt. Viele Städte wollten dabei sein. Es war Mode, eine Partnerschaft mit einer Stadt in der ehemaligen DDR einzugehen. Es waren dann aber vor allem diese „Modepartnerschaften", die sich sehr bald in Frage stellten. „Im Gegensatz dazu hatten sich die Städte Trier und Weimar die Städtepartnerschaft hart erarbeitet, ja ‚erlitten'. Es war zunächst nur eine kleine Pflanze, aber seit 1987, auch in der DDR-Zeit, wurde diese Pflanze zunehmend kräftiger."[4] „Jetzt fängt die Städtepartnerschaft erst richtig an", war in Trier und Weimar die Haltung, die sich 1989 durchsetzte. Das Ergebnis ist eine erfolgreiche Partnerschaft. Dies ist sicher das Ergebnis einer Bewertung nach 30 Jahren. Das zarte Pflänzchen hat inzwischen starke Wurzeln geschlagen. Ist aber jetzt nicht wieder die Frage nach dem Sinn einer deutsch-deutschen Städtepartnerschaft zu stellen?

Eine Frage, die auch bei anderen Partnerschaften der Stadt Trier gestellt werden könnte und auch gestellt wird. Denn die Rahmenbedingungen, häufig die politischen Gegebenheiten, welche die Basis für die Partnerschaft waren, haben sich entscheidend geändert, viele Staaten sind im Wandel. Die Partnerschaften mit Metz, Ascoli Piceno, Herzogenbusch geben möglicherweise eine Antwort auf die Frage: „Sind Städtepartnerschaften noch ein Modell im 21. Jahrhundert?"

Städtepartnerschaften nach dem Zweiten Weltkrieg zu begründen, war für eine deutsche Stadt nicht einfach. Dies war aufgrund der deutschen Geschichte keine leichte Aufgabe; gerade im Grenzraum Frankreich-Luxemburg-Deutschland. Es lag also nahe, als einen ersten wichtigen Schritt die Zusammenarbeit zwischen der benachbarten französischen Stadt **Metz** und der deutschen Stadt Trier zu vertiefen. Und dies mit Erfolg: Am 13. Oktober 1957 wurde im Rathaus der Stadt Metz die Partnerschaft Trier–Metz begründet. Zwölf Jahre nach dem Ende des Zweiten Weltkrieges war dies fast ein „revolutionärer" Vorgang. Die beiden Weltkriege, die lange Feindschaft zwischen Deutschland und Frankreich, hatten

[4] *Schröer, Helmut/Lintz, Dieter: „Trier – Weimar: Eine deutsche Städtepartnerschaft", a.a.O., S. 106.*

Kathedrale in Metz

zwischen den beiden Städten, die historisch so viele Gemeinsamkeiten haben, tiefe Gräben gezogen. Gerade in der Grenzregion an der Mosel war sichtbar, was es bedeutet, mit den Nachbarn nicht in Frieden zu leben. Und den kommunalpolitisch Verantwortlichen war klar: Die natürlichen Verbündeten auf dem Weg zu einem Europa ohne Grenzen waren die Städte. Ohne Städte war Europa nicht zu machen.

Eine Partnerschaftsurkunde, in der in der Regel diese Grundidee einer Partnerschaft zwischen zwei Städten festgehalten wird, gab es 1957 nicht.[5] Vertreter der Stadt Trier beim Empfang, zu dem der Metzer Bürgermeister Raymond Monden ins Rathaus eingeladen hatte, war Bürgermeister Dr. Emil Zenz. Seine Ansprache zeigt sehr deutlich, was die Kommunalpolitiker der Grenzregion nach dem Zweiten Weltkrieg bewegt hat: „Das Gefühl von den Sehenswürdigkeiten dieser Stadt, von seiner Lage, von seiner Architektur und seinen Denkmälern beeindruckt zu sein, hat aber nicht nur der Metzer, sondern jeder, der in diese schätzenswerte Stadt kommt. Auch für die Bürger der Stadt Trier ist die Nachbar-

[5] *Am 10. März 2020 haben die beiden Städte Metz und Trier die Partnerschaft im Rahmen einer Stadtratssitzung in Trier durch eine Urkunde bestätigt. Der im Jahre 1957 geleistete Verbrüderungseid wurde damit ergänzt.*

Begründung der Städtepartnerschaft in Metz (1957)

stadt Metz keine fremde, ihnen gleichgültige Stadt, sondern eine Stadt ‚qui se fasse aimer'. Wir haben diese Empfindung besonders stark heute, da Sie, Monsieur le Maire und der Stadtrat von Metz, die Vertreter der Stadt Trier eingeladen und ihr die Jumelage, die Freundschaft und Partnerschaft, angeboten haben. Ich darf Ihnen dafür im Namen von Verwaltung und Rat der Stadt Trier herzlich danken. Bürgerschaft und Rat der Stadt Trier haben Ihr Angebot mit Freuden angenommen, und so darf ich denn, nachdem Sie, Monsieur le Maire, für die Stadt Metz bereits die Freundschaft zwischen unseren Städten proklamiert haben, auch meinerseits für die Stadt Trier den für Städtefreundschaften vorgesehenen Verbrüderungseid leisten: ‚Indem sie die Verschwisterung von Metz und Trier beschließen, sind die Maires dieser beiden Städte drei Verpflichtungen eingegangen: Zunächst sollen sie eine stete Verbindung zwischen den beiden Stadtverwaltungen und Stadträten aufrecht erhalten; Austausche auf jedem Gebiet zwischen den Einwohnern der beiden Städte fördern und sich für die europäische Idee einsetzen'.

Meine Damen und Herren, wir in Trier haben zu dieser Städtefreundschaft umso mehr ein volles ‚Ja' gesagt, weil wir der Überzeugung sind, dass die Freundschaft zwischen den Nationen und ein einiges Europa nur von den Gemeinden her aufgebaut werden kann. Dies hat einmal sehr klar der französische Politiker Präsident Herriot ausgedrückt, wenn er sagte: ‚Wir wissen, dass sich die Staaten bekämpfen infolge der Interessen, die sie vertreten. So kommt es ständig zu Konflikten. Wenn ich dagegen vom Staat zur Gemeinde heruntergreife, so komme ich

Jean-Marie Rausch (2. v. r.) im Kreis seiner Quattropole-Kollegen

den Menschen näher. Wenn ich mich mit einem englischen, deutschen oder sonst einem Bürgermeister unterhalte, sehe ich, dass wir dieselben Sorgen haben. Deshalb glaube ich, dass die Annäherung der Gemeinden die beste Voraussetzung für die Annäherung der Nationen ist: auf diesem begrenzten und klaren Feld begegnen sich die Menschen am natürlichsten‘. Und Sie, Herr Bürgermeister, haben diesen Gedanken noch weitergeführt und haben anlässlich der Jumelage Metz-Luxemburg darauf hingewiesen, welche Bedeutung die Städtefreundschaften für die europäische Einigung gewinnen können. Sie sagten damals: ‚Bürgermeister, die guten Willens sind, haben beschlossen, ihre Mitarbeit, ihre Erfahrung und ihren Sinn für Realitäten in den Dienst der Einigung Europas zu stellen. Die Gemeinde als Grundstein der Gesellschaft, die die Familien auf unterster Ebene zusammenfasst, soll ein aktives Element der europäischen Bewegung sein‘.“[6]

Das war der Grundgedanke nach dem Zweiten Weltkrieg: Die schrecklichen Folgen des Krieges führten zu der Erkenntnis, dass politische Freundschaften zwischen Staaten dauerhaft nur dann Erfolg haben, wenn sie auch an der Basis gelebt werden. 1962 hatten sich der französische Präsident Charles de Gaulle und der deutsche Bundeskanzler Konrad Adenauer in Paris umarmt. Francois Mitterand und Helmut Kohl hatten am 22. September 1984 mit Händedruck über

[6] *Zenz, Emil: „Rede im Metzer Rathaus anlässlich der Jumelage Metz – Trier am 13.10.1957“, in: Zenz, Emil: Ansprachen und Reden. Eine Auswahl, Trier 1987, S. 39–41.*

Eintragung in das Gästebuch der Stadt Metz (2007)

den Gräbern von Verdun die Freundschaft zwischen Frankreich und Deutschland symbolisch bekräftigt. „Es bleibt aber festzuhalten, dass die Städte Metz und Trier bereits einige Jahre vorher ihre Aufgabe darin gesehen hatten, sich als die Verbündeten auf dem Weg zu einem europäischen Miteinander zu profilieren."[7]

Von 1971 bis 2007 war Jean-Marie Rausch Bürgermeister der Stadt Metz, und er war für die Städtepartnerschaft Metz – Trier ein Glücksfall. Auf Grund seiner Lebensgeschichte war er ein menschliches Sinnbild für die Aussöhnung zwischen Deutschland und Frankreich. Er wurde in Sarreguemines geboren. Sein Großvater musste im Laufe seines Lebens viermal die Staatsangehörigkeit wechseln. „Er wusste zeitweise nicht, ob er nun auf französischer oder deutscher Seite kämpfte", erzählte Jean-Marie Rausch immer wieder, um die Absurdität der Kriege aufzuzeigen, die Deutschland und Frankreich im 19. und 20. Jahrhundert immer wieder führten. Für ihn war der Ausbau der deutsch-französischen Freundschaft auf der regionalen Ebene eines der wichtigsten politischen Anliegen.

Wie kam es zu einer Partnerschaft zwischen Trier und der Hauptstadt der italienischen Provinz Marken, **Ascoli Piceno**? Am 12. Januar 1958 hatte Oberbürgermeister Heinrich Raskin mit seinem italienischen Kollegen, Bürgermeister

[7] *Schröer, Helmut: „Trierer Weichenstellungen", Band 1. Trier 2009, S. 44.*

Serafino, in Italien die Partnerschaft feierlich besiegelt. Der Gegenbesuch fand Ende August 1958 statt. In einer feierlichen Stadtratssitzung wurde die Partnerschaftsurkunde unterzeichnet. Ziel sollte es sein, die „gegenseitige Wertschätzung zu befestigen und die gemeinsamen Bande einer echten Freundschaft zwischen zwei schönen alten Städten enger zu knüpfen". Als Ziel wurde auch die „Förderung und Intensivierung des im Entstehen begriffenen europäischen Gefühls der Brüderlichkeit"[8] genannt.

Stadtfahne Ascoli-Piceno

Über das Entstehen der Partnerschaft gibt es unterschiedliche Darstellungen. Allen gemeinsam ist, dass der Heilige Emigdius (San Emidio) den Anstoß für diese Verbindung gab. Emigdius, so wird berichtet, wurde 273 in Trier, der Augusta Treverorum, geboren. Er wurde später der erste Bischof von Ascoli. Unter Kaiser Diokletian stirbt er 303 den Märtyrertod. Den Zuspruch, den Emigdius bei den Menschen fand, sein Auftreten als wundertätiger Heiliger wurden zunehmend von der römischen Herrschaft als Gefahr angesehen. Bis heute wird er als Schutzheiliger gegen Erdbeben verehrt.

Sind es also bei den meisten Städtepartnerschaften vor allem politische Motive, die zu einer Städtepartnerschaft führten, so ist es bei der Partnerschaft mit Ascoli Piceno ein religiöser Grund, der die Basis bildete. Die offizielle Begründung der Städtepartnerschaft in Ascoli und in Trier im Jahre 1958 wurde von einer großen Begeisterung getragen. Allerdings war sehr bald in der täglichen Praxis der Partnerschaft von dieser Euphorie nicht mehr viel zu verspüren: „Sprachschwierigkeiten,

8 Ausführliche Darstellungen über die Städtepartnerschaft Trier – Ascoli Piceno findet man im Internetauftritt der Ascoli-Piceno-Gesellschaft. Insbesondere Von Engel, Bettina: „50 Jahre Städtepartnerschaft Trier – Ascoli 1958–2008".

Piazza del Popolo in Ascoli

ungünstige Verbindungen, häufige politische Führungswechsel in der italienischen Stadt, andere Prioritätensetzung und dergleichen mehr trugen dazu bei.“[9]

Das änderte sich, als im Jahre 1982 der Bürgermeister von Ascoli Piceno, Mario Cataldi, Triers Oberbürgermeister Felix Zimmermann zum jährlich stattfindenden Reiterfestspiel, der Quintana, einlud. Bis ins Mittelalter lassen sich diese Festspiele zurückverfolgen. Im Mittelpunkt stehen dabei die Reiterwettkämpfe. Sechs Stadtteile der Stadt Ascoli kämpfen um den „Polio“, eine Siegesfahne. Ebenso begeistert bei der Quintana ist der lange Festumzug durch die Altstadt von Ascoli. Alle Teilnehmer sind in wertvolle, farbenfrohe mittelalterliche Kostüme gekleidet. Im Mittelpunkt stehen auch die berühmten Fahnenschwenker mit ihrem atemberaubenden Können.

Als „Wiedergeburt“ der Städtepartnerschaft kann dieser Besuch der Trierer in Ascoli Piceno im Jahre 1982 bezeichnet werden. Und es war fast selbstverständlich, dass Ascoli den Trierer Wunsch erfüllte, aus Anlass der Zweitausendjahrfeier im Jahre 1984 in Trier einen Teil der Quintana stattfinden zu lassen. „Ascoli Piceno, unweit der Adria landeinwärts zwischen den mittelalterlichen Küsten Avonna und Pescara gelegen, erwies dem Partner seine Reverenz zum 2000. Geburtstag.

[9] *Lanfer, Hans-Günther, Von Engel, Bettina: „Italien aus dem Bilderbuch: Triers Partnerstadt Ascoli Piceno“, Internetauftritt der Ascoli Piceno Gesellschaft.*

Fahnenspiel vor der Porta Nigra

Durchdringende Posaunen kündigten ihn an, den Aufzug der Würdenträger, der edlen Damen und der Fahnenschwinger. Deren wirbelndes Spiel mit den in allen Farben der Heroldskunst leuchtenden Tüchern bildete einen reizvollen Gegensatz zum gemessenen Dahinschreiten der Würdenträger des Stadtwesens der Renaissancezeit, in dessen Tradition das heutige Ascoli Piceno noch lebt. Ehrliche Begeisterung der Trierer und der vielen Gäste, die hier Zeugen eines Teils der traditionellen Festspiele von Ascoli Piceno wurden, war Dank für den Partner aus Italien, um den es leider allzu lange still geworden ist."[10]

Das Jahr 1984 gab der Städtepartnerschaft neue Impulse. Das Friedrich Spee-Gymnasium in Trier wurde zum Zentrum des Schüleraustausches. Hier war die treibende Kraft die Lehrerin Bettina von Engel. Auch in anderen Bereichen gab es verheißungsvolle Kontakte. Die Bereitschaft, in Ascoli die Freundschaft weiter zu vertiefen, konnte ich bei meinem Antrittsbesuch als Oberbürgermeister vom 15. bis 18. April 1989 feststellen. In der Zeitung „Il Messaggero Marche", Ausgabe Ascoli Piceno, vom 15. April 1989 konnte man lesen: „Seit 1958, dem Jahr, da die

[10] *Trierischer Volksfreund vom 28. Mai 1984: „International wie noch nie: Die Weltstadt Trier feierte".*

Partnerschaft mit Ascoli entstand, bis heute gab es zwischen den Städten viele Besuche. Doch dieses Mal wird ein weiterer Schritt getan: es ist mehr als ein reiner Höflichkeitsbesuch. Denn es soll der Versuch sein, besondere Wirtschafts- und Handelsbeziehungen zwischen Ascoli und Trier zu schaffen als Vorausleistung für die große Umgestaltung, die in den 90er Jahren mit dem Fortfall der Grenzen in Europa beginnen wird."

Im Rahmen meines Besuches hatte ich Gespräche mit dem Direktor der Sparkasse Ascoli und dem Präsidenten der Handelskammer Ascoli.[11] In diesem Meinungsaustausch legte ich einen besonderen Schwerpunkt auf die wirtschaftliche Situation der Stadt Trier im Hinblick auf Europa. Der europäische Binnenmarkt sollte 1993 Wirklichkeit werden. Eine besondere Qualität der Stadt Trier, so führte ich aus, sei, dass die Stadt eine europäische Stadt sei. In unmittelbarer Nähe zu Frankreich und Luxemburg sei europäische Begegnung, sei der Abbau der Grenzen mehr und mehr ein großer Standortvorteil. Aus einer Grenzstadt sei ein Zentrum mitten in einer europäischen Region geworden. „Auf wirtschaftlichem Gebiet", so konnte man am 18. April 1989 in der Tageszeitung „Carlino Ascoli" lesen, „hat Trier im Hinblick auf 1993 die Zeit genutzt und ist auf das geschichtliche Ereignis vorbereitet ... Es erscheint uns wie eine von uns weit entfernte Welt ...". Das von mir beschriebene europäische Miteinander" war für unsere Freunde in Mittelitalien damals nur schwer zu verstehen.

Im Jahre 1998 wurde das 40jährige Bestehen der Partnerschaft gefeiert. „Wir ertragen unsere Familie, aber wir wählen unsere Freunde", zitierte der damalige Bürgermeister Roberto Allevi bei dieser Feier ein französisches Sprichwort. Und er fuhr weiter fort: „Unsere Partnerschaft mit Trier haben wir gut gewählt!" Man kann sicher heute feststellen, dass nach einigen Schwierigkeiten ein festes Freundschaftsband zwischen den beiden Städten gewachsen ist. Die Basis dieser Partnerschaft war und ist ein religiöser Grund. Der Heilige von Ascoli, San Emidio, der in Trier geboren wurde, war die Basis für die Städtepartnerschaft Trier – Ascoli Piceno. Gibt es inzwischen zu Beginn der 21. Jahrhunderts weitere Gründe, die auch belebend sein können für diese Partnerschaft zwischen den beiden Städten?

Die Städtepartnerschaft mit der niederländischen Stadt **Herzogenbusch** wurde am 7. Juni 1968 in einer feierliche Stadtratssitzung in Trier von Bürgermeister Dr. Robert J. J. Lambooy und Oberbürgermeister Josef Harnisch begrün-

[11] *Vgl. dazu: Schröer, Helmut: „Trierer Weichenstellungen – Ein Beitrag zur jüngeren Stadtgeschichte, Band 1", S. 23 f.*

St. Johannes-Kathedrale in Herzogenbusch

det.[12] Bereits seit 1962 hatte sich zwischen den beiden Städten ein kultureller und sportlicher Austausch entwickelt. Als man in Herzogenbusch die Idee hatte, eine Städtepartnerschaft mit Städten im nicht allzu fernen Ausland anzustreben, und dann auch festlegte, eine Stadt sollte in der noch jungen Bunderepublik Deutschland liegen, lag für die Stadt Herzogenbusch die Wahl „Trier" nahe. Hatte man doch über die zahlreichen Begegnungen die Stadt und die Menschen in Trier schon kennengelernt. Die Initiative für eine Partnerschaft ging also von Herzogenbusch aus. Und in Trier gab es zu diesem Anliegen eine große Zustimmung. Eine gemeinsame Sitzung der der Stadträte in Trier begründete dann die Partnerschaft.[13] In der Urkunde heißt es: „Nachdem die beiden Städte Herzogenbusch und Trier seit 1962 einen kulturellen und sportlichen Austausch durchführten und sich daraus eine immer engere Zusammenarbeit zwischen beiden Städten ergab, wurde in Trier am Freitag, dem 7. Juni 1968, durch die Stadträte von Herzogenbusch und

[12] *Lentes, Hans/Molz, Günther: „'s-Hertogenbosch und Trier: Städtepartnerschaft an der Schwelle zum neuen Jahrtausend. Ein Jubiläum als Anstoß zur Neubewertung der Städtepartnerschaften der Stadt Trier", Trier April 2000, S. 17ff. (Diese Schrift ist eine Evaluation der Städtepartnerschaft Trier – Herzogenbusch.) Die Aufgabe, eine entsprechende Schrift auch in Herzogenbusch zu erstellen, hatte der ehemalige Beigeordnete Geert Verkuylen übernommen.*

[13] *Vgl. dazu auch: Comité Trier – ‚s-Hertogenbosch: De Stedenband met Trier – gisteren, vandaag ... en morgen, Herzogenbusch 2008, S. 25f.*

1968: Oberbürgermeister Harnisch und Bürgermeister Lambooy

Trier die Städtepartnerschaft Herzogenbusch – Trier geschlossen, wobei die Oberbürgermeister die Verpflichtung übernehmen: die ständige Verbindung zwischen den beiden Städten zu pflegen, auf allen Gebieten den Austausch zwischen ihren Bürgern zu fördern, um dadurch der niederländisch-deutschen Verständigung und damit der Einigung Europas und dem Frieden der Welt zu dienen."

Ein wichtiger Ausgangspunkt auch dieser Partnerschaft waren die leidvollen Erfahrungen, welche die verheerenden Kriege des 20. Jahrhunderts vor allem für die europäischen Städte brachten. Das galt in einem besonderen Maße für Herzogenbusch. Deshalb war dieser Schritt zur Freundschaft im Jahre 1968 in Herzogenbusch keineswegs unumstritten. Am 2. März 1995 hielt Geert Verkuylen, damals Beigeordneter der Stadt Herzogenbusch, anlässlich des 50. Jahrestages der Befreiung der Stadt Trier vom Nationalsozialismus eine beeindruckende Rede. In dieser Rede vermittelte er einen Einblick in die Befindlichkeit der Menschen in den Niederlanden und in Herzogenbusch, als die Städtepartnerschaft begründet wurde, wenige Jahre nach der Beendigung des Naziterrors: „Die ganze positive Entwicklung der Städtepartnerschaft zwischen Trier und Herzogenbusch war 1968 bei der Gründung durchaus nicht vorauszusehen; 23 Jahre nach Kriegsende. Vieles war schon erreicht, Linien waren sichtbar, aber die Zukunft bis heute hatte noch 27 Jahre zu gehen. Unter diesen Umständen so etwas wie eine Städtepartnerschaft zu bilden, angesichts der noch nicht so weit zurückliegenden Geschichte, dazu brauchte man Mut. Dazu brauchte man Menschen mit Weisheit, klarsichtig, die verstanden, wie man neue menschliche Beziehungen über alten Wunden aufbauen könnte, wie gegenseitiges Verständnis und eine Freundeshand Bedeutung haben könnten, den gewonnenen Frieden auch in Gedanken und Herzen der Menschen weiter zu führen."[14]

Welcher Mut 1968 nötig war, zwischen einer Stadt aus den Niederlanden und einer deutschen Stadt eine Städtepartnerschaft zu begründen, wurde Ende

[14] *Rede Beigeordneter Verkuylen anlässlich der Feierstunde „50. Jahrestag des Kriegsendes am 2. März 1995" (Redemanuskript).*

Oktober 2004 sehr deutlich. In der Zeit vom 27. bis 29. Oktober feierte Herzogenbusch „die 60. Wiederkehr der Befreiung von der deutschen Besatzung. Die 53. walisische Division hatte im Oktober 1944 unter der Führung von General R.K. Ross nach mehrtägigen heftigen Kämpfen – die Schlacht um die Stadt Herzogenbusch tobte vom 22. bis 28. Oktober 1944 – die Stadt befreit. Damit war die schlimme Zeit der Besatzung und der Fremdherrschaft beendet.“[15]

Anny und Geert Verkuylen

Zu dieser Veranstaltung waren auch der Trierer Oberbürgermeister und der Bischof von Trier, Dr. Reinhard Marx, eingeladen. Die walisische Division stand natürlich im Mittelpunkt der Feierlichkeiten. Die Erinnerung an die schrecklichen Geschehnisse des Krieges war ein zentraler Bestandteil der Feier („Freedom – Then and Now“). Die Einladung an die deutsche Partnerstadt, an den Feierlichkeiten teilzunehmen, machte aber auch deutlich, dass Erinnerung wichtig und nötig ist, dass es aber ebenso notwendig ist, aus der Geschichte die nötigen Schlussfolgerungen zu ziehen. Der Blick zurück zeigt das Leid, das die niederländischen Nachbarn unter der deutschen Besatzung ab 1940 erlitten haben. „Viele Menschen kamen im Zweiten Weltkrieg um, allein 100.000 Juden wurden ermordet. Infrastruktur wurde zerstört, und die Wirtschaft des Landes stand am Ende der Besatzung vor dem Zusammenbruch. Es verwundert deshalb nicht, wenn der Zweite Weltkrieg für viele Niederländer eine prägende Erfahrung ist.“[16]

Die Geschichte der Partnerschaft zwischen Herzogenbusch und Trier ist eine Geschichte vielfältiger Aktivitäten in den verschiedenen Bereichen des kommunalen Lebens. Es ist dies eine Erfolgsgeschichte. Die Menschen beider Städte

[15] *Schröer, Helmut: „Herzogenbusch – Trier: Anmerkungen zu einer europäischen Partnerschaft mit Zukunft“. In: Neues Trierisches Jahrbuch (NTJ), 2009, S. 119.*
[16] *Ebd.*

kamen einander näher, viele Verbindungen wurden hergestellt, Schranken wurden überwunden. Es wurde aber auch im Jahre 1998 die Frage nach der Zukunft der Partnerschaft gestellt. Hat eine Partnerschaft vor dem Beginn eines neuen Jahrtausends noch eine Zukunft? Haben sich die Zielsetzungen, die 1968 die Partnerschaft begründeten, nicht erledigt?

1998 war die Partnerschaft gefestigt. Die Zukunft erschien in einem positiven Licht. Dennoch wurde beschlossen, die Partnerschaftsarbeit zwischen den beiden Städten zu überprüfen, die vergangene Arbeit darzustellen und gegebenenfalls Vorschläge für die weitere Arbeit zu machen. Diese Aufgabe der Evaluation wurde in Trier von den ehemaligen städtischen Mitarbeitern Hans Lentes und Günther Molz übernommen. In Herzogenbusch erklärte sich, man kann fast schon sagen „natürlich“, der ehemalige Beigeordnete Geert Verkuylen dazu bereit.

Ein wichtiges Ergebnis der Untersuchungen war in beiden Ausarbeitungen der Gedanke, interessierte Bürgerinnen und Bürger in den beiden Städten dafür zu gewinnen, die Städtepartnerschaft durch Bürgergesellschaften mit Leben zu erfüllen. Schon im August 2000 kam es in Trier zur Gründung der „Gesellschaft Herzogenbusch-Trier e.V.“ (Vorsitzender Theo Gimmler). Diese Trierer Initiative wurde in Herzogenbusch sehr begrüßt, Ziel war es schon sehr bald, eine entsprechende „Bürgerinitiative“ auch in der niederländischen Partnerstadt zu schaffen. Schon am 17. Januar 2001 kam es zur Gründung des Comité Trier – ‘s-Hertogenbosch“. Damit war ein von den Bürgern beider Städte gestaltetes Netzwerk geschaffen worden, das zu einer wesentlichen Bereicherung der Partnerschaftsarbeit führen sollte und die Arbeit der Rathäuser wesentlich unterstützte und erleichterte.

Partnerschaft zwischen zwei Städten bedeutet selbstverständlich auch, dass man teilnimmt an den Ereignissen und Entwicklungen in der befreundeten Stadt. So war die Gattin des Bürgermeisters der Stadt Herzogenbusch, Frau Corinne von Zwieten, Schirmherrin der 12. Trierer Blumentage im Jahre 1980. Natürlich nahm die Stadt Herzogenbusch im Jahre 1984 an der 2000 Jahrfeier der Stadt Trier teil. Als Geschenk überreichte Bürgermeister Ben van Zwieten eine bronzene Reiterstatue, die den Stadtgründer, Herzog Heinrich, darstellt. Diese Plastik fand zunächst ihren Standort im Brunnenhof. Nach den Umbaumaßnahmen im Bereich des Simeonstiftes steht „Der Hertzog“ jetzt am Augustinerhof in unmittelbarer Nähe des Rathaussaales. Dort steht auch ein weiteres Geschenk der Stadt Herzogenbusch. Aus Anlass des 25jährigen Bestehens der Städtepartnerschaft übergab Bürgermeister Don Burgers eine repräsentative Holzsitzbank: „Auf

Trierer Gastgeschenk (1985)

ihr können Jung und Alt, Menschen aus Ost und West, aus Trier und Herzogenbusch ausruhen, sich begegnen, sich kennenlernen und anerkennen."[17]

Selbstverständlich nahm die Stadt Trier im Jahre 1985 an der „800 Jahrfeier der Stadt Herzogenbusch" teil. Das Gastgeschenk war die Nachbildung eines römischen Reliefs („Der Mundschenk"), das am ältesten Haus der Stadt Herzogenbusch in der Marktstraße/Ecke Marktplatz angebracht wurde. Im Jahre 2000

[17] *Trierischer Volksfreund vom 13. Juli 1993: „Fester Wille zur Vertiefung der Städtepartnerschaft".*

Treffen mit der niederländischen Königin Beatrix (2004)

fanden die Feierlichkeiten zur Verleihung des Erasmus-Preises in Amsterdam und Herzogenbusch statt. Eingeladen wurde auch der Trierer Oberbürgermeister. Die niederländische Königin besuchte aus diesem Anlass auch Herzogenbusch. Zu einem Treffen mit Königin Beatrix kam es am 28. Juni 2004. In Herzogenbusch wurde das neue Rathaus eingeweiht. Im Trier-Zimmer kam es zur Begegnung und zu einem Gespräch mit der Königin.

Die Landesgartenschau Rheinland-Pfalz im Jahre 2004 war für die Stadt Trier ein wegweisendes Ereignis. Triers Partnerstädte beteiligten sich an dem Projekt „Gärten der Partnerstädte". Der Garten der Stadt Herzogenbusch wurde von Bürgermeister Ton Rombouts übergeben. Die Stadt Herzogenbusch gestaltete am 11. und 12. September das gesamte Programm. „Ausgesprochen musikalisch präsentierte sich Triers niederländische Partnerstadt Herzogenbusch drei Tage lang auf der Landesgartenschau. War Ascoli Piceno aus Italien vor kurzem feurig temperamentvoll aufgetreten, so verbreiteten die insgesamt 350 angereisten Holländer mit ihren zahlreichen Chören und Musikkapellen niederländischen Frohsinn und Charme auf dem Petrisberg."[18]

[18] *Rathaus-Zeitung vom 14. September 2004: „Holländischer Frohsinn und Charme".*

Inzwischen ist durch die Gründung der Partnerschaftsgesellschaften und die ehrenamtliche Arbeit dieser „Bürgerinitiativen" seit 2000/01 deutlich geworden, wie zeitgemäß Partnerschaftsarbeit auch heute noch ist. „Die Zukunft liegt vor uns in der Erwartung, dass daraus noch vieles wird. Vorausgesetzt, dass wir wach bleiben und nicht zufrieden sind mit dem, was wir erreicht haben ... Ein Haus mit festen Fundamenten steht, die Einrichtung wurde erneuert und der Zeit angepasst."[19]

Die meisten Trierer Städtepartnerschaften hatten ihren Ursprung in der jeweiligen historischen, politischen Situation. Die Städte wollten beispielsweise ein „aktives Element der europäischen Bewegung sein". In der Partnerschaftsurkunde Herzogenbusch-Trier wird besonders betont, den Austausch zwischen den Bürgern beider Städte zu fördern. Es sollte so „der niederländisch-deutschen Verständigung und damit der Einigung Europas und dem Frieden in der Welt gedient werden." Die Basis für die Partnerschaft mit Ascoli Piceno war der Heilige Emigdius. In Trier geboren, wurde er im 3. Jahrhundert der erste Bischof von Ascoli. Allerdings berief man sich bei der Begründung der Partnerschaft nicht nur auf den Heiligen, sondern formulierte als Ziel auch die „Förderung und Intensivierung des im Entstehen begriffenen europäischen Gefühls der Brüderlichkeit".

In den Erklärungen wird die Begeisterung für das europäische Projekt deutlich. Europa – darin sahen die Städte ein Ziel, eine Aufgabe, nicht zuletzt aufgrund der historischen Erfahrungen. Der Blick in die Vergangenheit hat geeint. Heute ist es mehr der Blick in die Zukunft, der Uneinigkeit aufzeigt. Häufig war es die gemeinsame Erinnerung, die den Willen zur Gemeinsamkeit begründete. Heute ist es sehr oft eine Rückkehr der Partikularinteressen und zu alten Grenzen, welche die europäische Einigung gefährden. Wird Europa zerbröckeln, ehe es überhaupt richtig entstanden ist? Wie kann man in einer Europäischen Union mit Ländern zusammenarbeiten, in denen ein egoistischer Nationalismus zunehmend an Bedeutung gewinnt?

Gräben werden nicht mehr zugeschüttet, Gräben werden größer. „Ein wohlhabender Kontinent ist verunsichert. Die nationalen Erlebnisräume in der EU: Sind sie eigentlich im Laufe der Jahrzehnte einander näher gerückt oder entfernen sie sich gerade wieder voneinander? Die EU und ihre Organe ... rücken nach und nach in eine Verantwortung für die Stabilität, während die Mitgliedsstaaten

[19] *Comité Trier – 's-Hertogenbosch, a.a.O., S. 40.*

nicht selten wirken wie eine Versammlung ungezogener Kinder oder ungehobelter Jugendlicher."[20]

Haben Städtepartnerschaften in einer solchen Situation noch einen Sinn? Haben sie sich überlebt? Diese Frage wurde schon von den Städten Herzogenbusch und Trier zu Beginn des dritten Jahrtausends gestellt. Gutachten untersuchten die Partnerschaftsarbeit zwischen den beiden Städten seit der Begründung im Jahre 1968. Das Ergebnis war eindeutig. Es macht Sinn, so wurde festgestellt, die Verbindung zwischen den beiden Städten nicht nur fortzusetzen, sondern sie zu vertiefen. Deshalb kamen Bürgermeister Ton Rombouts und ich überein, den Stadträten beider Städte vorzuschlagen, in einer gemeinsamen Stadtratssitzung die Städtepartnerschaft zwischen Herzogenbusch und Trier erneut zu bekräftigen. Dieses außerordentliche Ereignis fand am 10. November 2001 im Großen Rathaussaal der Stadt Trier statt. Zu Beginn dieser Sitzung sagte ich: „Die Geschichte Europas – wann immer sie friedlich war und auf Handel und Wandel, Austausch von Ideen, Erkenntnissen, Kultur und Kunst gerichtet war – ist eine Geschichte seiner Städte. Europa wird von Städten geprägt und definiert. Deshalb sind wir, die Städte, die natürlichen Verbündeten auf dem weiteren Weg zur Einheit Europas. Nach meiner Überzeugung ist das politische Zusammenwachsen Europas nur dann von Bestand, wenn sich die Menschen in ihrer kulturellen Vielfalt darin verwirklichen können. Den Städten fällt dabei eine wichtige Rolle zu – wir sollten sie annehmen und ausfüllen. Unser Europa wird immer größer. Die Möglichkeit zur Identifikation unserer Bürgerinnen und Bürger mit diesem großen Europa wird immer schwieriger. Hinzu kommt, dass gewisse Tendenzen zum Zentralismus, von Brüssel gesteuert, nicht zu verleugnen sind. Europa wird aber nur eine Chance haben, wenn wir ein Europa der Bürger haben. Ein Europa, mi dem sich die Bürger identifizieren. Brüssel ist weit. Die dortige Bürokratie „unmenschlich", nicht bürgernah. Eine europäische Identifikation ist letztlich nur durch europäische Begegnung vor Ort möglich, eben durch Städtepartnerschaften. Ich identifiziere mich mit Europa nicht, weil dies ein anonymes Gebilde ist, sondern weil ich die Menschen in Europa in ihren unterschiedlichen Lebensweisen, ihren Kulturen kenne und schätze. Das gibt der Städtepartnerschaft auch zu Beginn des dritten Jahrtausend eine entscheidende Begründung."[21]

---

[20] *Di Fabio, Udo: „Die Verwandlung der westlichen Demokratien", a.a.O.*

[21] *Schröer, Helmut: Rede anlässlich der gemeinsamen Stadtratssitzung der Räte der Stadt Trier und der Stadt Herzogenbusch am 10. November 2001 im Großen Rathaussaal der Stadt Trier. (Manuskript)*

Die Bekräftigung der Partnerschaft zwischen Trier und Herzogenbusch (2001)

Der ehemalige Präsident der EU-Kommission Jaques Delors formulierte die Situation und gleichsam die Zielsetzung sehr treffend: „Wer verliebt sich schon in einen europäischen Markt?“ Ziel muss es sein, dass sich die Menschen in Europa „lieben“. Und bei dieser Zielsetzung bieten die Partnerschaften zwischen den Städten großartige Möglichkeiten „Kommunale Außenpolitik“ hatte in der Stadt nach dem Zweiten Weltkrieg immer eine herausragende Bedeutung. Sie wird in Zukunft nicht an Bedeutung verlieren dürfen. Im Gegenteil.

Abbildungsverzeichnis

05 // „Mundart ist hörbare Heimat“
Die Renaissance des Dialekts

Hildegard Bichler: S. 53, S. 59 (oben)
Christian Kampmann: S. 54
Trierischer Volksfreund: S. 56, S. 59 (unten)
Stadtarchiv Trier: S. 50, S. 57
wbg-magazin März 2019: S. 51

06 // Rathauskarneval in Trier
Übergabe des Rathausschlüssels einmal anders

Verfasser: S. 63 (oben), S. 63 (unten), S. 67, S. 70, S. 71, S. 75, S. 77

07 // 1984: Geschenke für das „Geburtstagskind“ Stadt Trier
Ein Zeugnis tiefer Verbundenheit

Wolfgang Raab: S. 78 (oben und unten), S. 83, S. 84, S. 85 (rechts), S. 86
Verfasser: S. 79, S. 88,
Stadtarchiv Trier: S. 85 (links), S. 87

08 // Ein Fest aus dem Stand heraus:
Altstadtfest

Stadtarchiv Trier: S. 90, S. 95, S. 100, S. 101
Verfasser: S. 98
Roland Morgen: S. 103

09 // 1995: Ein neues Logo für Trier
Zunächst heftig kritisiert – dann akzeptiert

Amt für Presse und Kommunikation der Stadt Trier: S. 106, S. 113
Trierischer Volksfreund: S. 108
Verfasser: S. 109

10 // Endlich: Ein Messepark in Trier
Ein neues Gelände schließt eine Angebotslücke

Stadtarchiv Trier: S. 114, S. 124
Verfasser: S. 116, S. 117, S. 119

11 // „Weinstadt Trier":
Initiativen der Politik in den 80er Jahren

Vereinigte Hospitien Trier (Tobias Reiland): S. 126
Stadtarchiv Trier: S. 127, S. 129, 133 (oben), S. 149
Roland Morgen: S. 128
Verfasser: S. 133 (unten), S. 135, S. 136, S. 139, S. 143, S. 144, S. 145, S. 147
Tourismus und Marketing GmbH Trier: S. 142

12 // Städtepartnerschaften
Ein Modell im 21. Jahrhundert?

Stadtarchiv Trier: S. 150, S. 151, S. 156, S. 157, S. 161, S. 164, S. 171
Stadtarchiv Weimar: S. 153 (oben)
Archiv Josef Tietzen: S. 153 (unten)
Verfasser: S. 155, S. 158, S. 159, S. 160, S. 163, S. 165, S. 167, S. 168